RENÉ MARTENS

DAS GROSSE ST. PAULI BUCH

Der Autor

René Martens, Jahrgang 1964, arbeitet als freier Journalist und Sportbuchautor in Hamburg. Im Verlag Die Werkstatt erschienen bisher von ihm *Wunder gibt es immer wieder. Die Geschichte des FC St. Pauli* sowie *Niemand siegt am Millerntor. Die Geschichte des legendären St. Pauli-Stadions*. Er ist – gemeinsam mit dem Team der Online-Medienkolumne „Altpapier“ – Träger des Bert-Donnepp-Preises 2012 (Deutscher Preis für Medienpublizistik).

Literatur

Wenn ihr noch mehr über den FC St. Pauli erfahren wollt, dann schaut doch in unten stehende Bücher. Aus ihnen stammen auch viele Informationen, die dieses Buch enthält:

Ronny Galczynski/Bernd Carstensen: *FC St. Pauli Vereinsenzyklopädie*, Göttingen 2009

René Martens: *Wunder gibt es immer wieder. Die Geschichte des FC St. Pauli*, Göttingen 2009

René Martens: *Niemand siegt am Millerntor. Die Geschichte des legendären St. Pauli-Stadions*, Göttingen 2009

Christoph Nagel/Michael Pahl: *FC St. Pauli 1910 – Alles drin*, Hamburg 2010

Bildnachweis

Imago Sportfoto: 4, 6 (2), 20o, 21 (Mitte), 22u, 24ul, 25u (2), 27, 28o, 31o, 32u, 35u, 36 (2), 37u (2), 39, 42o, 43o, 45, 46u, 52o, 54o, 55l, 56u, 57u (2), 64o, 65 (4), 66o, 67 (Bela B.), 68u, 69 (2), 70o, 71o, 73 (2), 77u, 82 (2), 83 (2), 84 (2), 88 (3), 89 (Reimann+Demuth), 91 (Hain), 94, 95

Witters Sport-Presse-Fotos: Cover, 2/3, 5 (2), 30 (2), 31ul, 32/33, 34u (2), 35o, 36ur, 37 (3), 41 (3), 42 (3), 43u, 44 (2), 46o, 47 (2), 48 (4), 49 (5), 50 (4), 51 (6), 52u, 53 (2), 54u, 55r, 56 (2), 57 (5), 58 (4), 59 (3), 60 (3), 61 (7), 63, 70u, 72ol, 76, 77 (2), 78/79, 79 (2), 81 (2), 85 (2), 86u, 88 (Krause), 89 (3), 90, 91 (Hollerbach), 92, 93 (2), Rückseite

AMF: 68o; Archiv Stefan Barta: 34o; Conny Böttger: 72u; Historisches Sportarchiv Wolfram Dietz: 24ur, 25o (3); Fanladen St. Pauli: 66u (2), 67 (3); firo sportphoto: Cover (3); Getty Images: 87; HSV-Archiv: 12 (Mitte); Hans-Dietrich Kaiser: 23o, 29o; Egon Klebe: 75o; Fotoagentur Horst Müller: Cover (2), 29u, 31ur, 37 (Gerber), 40, 88 (Schulte); Christoph Nagel/Michael Pahl: *FC St. Pauli. Das Buch:* 13u, 20u; picture alliance / dpa: Cover (3), 17, 18u, 21u, 22u, 28u, 32o, 33, 81o, 85 (Mitte); Archiv *Der Übersteiger:* 72or

Übrige Fotos: Archiv des Verlags und Archiv des Autors

Impressum

Bibliografische Information der Deutschen Nationalbibliothek: Die Deutsche Nationalbibliothek verzeichnet diese Publikation in der Deutschen Nationalbibliografie; detaillierte bibliografische Daten sind im Internet über http://dnb.d-nb.de abrufbar.

Lotzestraße 22a, D-37083 Göttingen
www.werkstatt-verlag.de

Satz und Gestaltung: Verlag Die Werkstatt
Covergestaltung: www.vogelsangdesign.de

ISBN 978-3-7307-0134-8

Inhalt

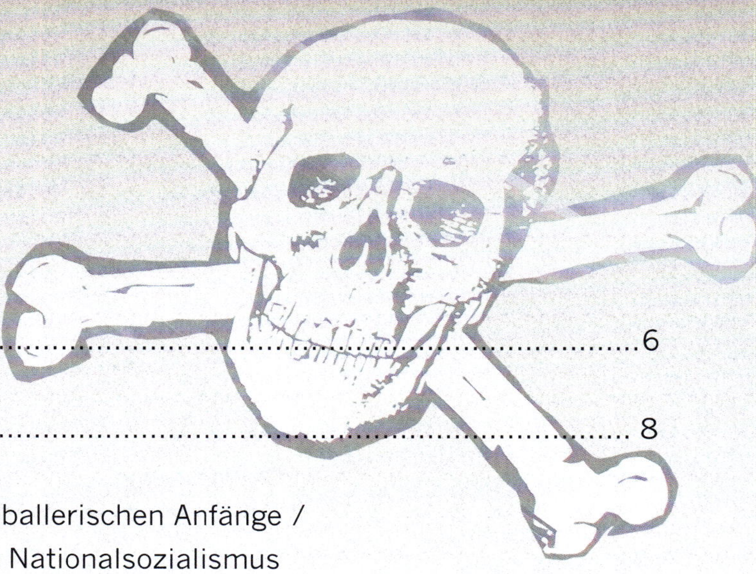

ST. PAULI:
Der Klub der Fans

Auf der Reeperbahn am helllichten Tag: St.-Pauli-Fans feiern den Aufstieg 2010.

Der FC St. Pauli war nie in einem europäischen Wettbewerb dabei. Nationalspieler gab es in seinen Reihen nur wenige. Den größten Erfolg feierte der Verein 1948, als es noch keine Bundesliga gab: Da erreichte er das Halbfinale der Deutschen Meisterschaft. Der größte Erfolg in der Bundesliga? Platz 10. Ab Ende der 1970er Jahre hat St. Pauli sogar zweimal für längere Zeit in der 3. Liga gespielt. Diese schwierigen Jahre brachten aber auch einen Vorteil: Weil der Verein und seine Fans wissen, was es heißt, weit unten gewesen zu sein, wird hier jeder Aufstieg so gefeiert wie anderswo die Teilnahme an der Champions League.

Nein, der Trophäenschrank dieses Hamburger Klubs ist nicht besonders gut gefüllt. Trotzdem ist der FC St. Pauli ähnlich beliebt wie manch ein Klub, für den Weltstars spielen: Viele Fußballfans aus England fliegen zum Beispiel mehrmals im Jahr nach Hamburg, um sich ein St.-Pauli-Spiel im Millerntor-Stadion anzuschauen. Ausgerechnet aus England, wo die Stimmung in den Stadien jahrzehntelang als einmalig galt! Außerdem hat der FC St. Pauli Fanklubs in der brasilianischen Elf-Millionen-Stadt São Paulo und in Phnom Penh, der Hauptstadt Kambodschas, und es gibt Dauerkartenbesitzer in Bayern (45) und sogar in den USA (6). Wie kommt das?

Der Verein ist populär, weil seine Fans den Fußball verändert haben. Ende der 1980er Jahre gab es in Deutschland noch viele Fans, die im Stadion afrikanische Spieler beleidigten. Die St. Paulianer waren die Ersten, die dagegen protestierten – und wurden damit im Laufe der Jahre zum Vorbild für Fans und Vereine in ganz Deutschland. Das

Riesenjubel nach dem Aufstieg 2001: Holger Stanislawski, der damals noch selber für St. Pauli gegen den Ball trat, mit Markus Lotter.

Gegen Rassismus und Rechtsextremismus: Die Fans von St. Pauli sind bekannt für ihr politisches Engagement.

Das Vereinswappen
In der Mitte ein Kreis mit dem Hamburg-Wappen, drum herum der Schriftzug „FC St. Pauli" plus die Zahl des Gründungsjahres – im Wesentlichen sieht das Wappen des Vereins seit 1947 so aus. Im Laufe der Jahrzehnte änderten sich Kleinigkeiten. Das Hamburg-Wappen, das heute rot ist, war zwischendurch braun. Und eine Zeit lang schrieb man die Abkürzung „FC" mit Punkten („F.C."). Wie das aktuelle Logo aussieht, ist in der Vereinssatzung ganz genau festgelegt.

soziale Engagement – zum Beispiel für Flüchtlinge – ist bis heute ein Markenzeichen der St.-Pauli-Anhänger. Außerdem herrscht am Millerntor eine Atmosphäre wie in keinem anderen Stadion der Welt. Hier gab es nie eine störende Laufbahn, die Zuschauer waren schon immer nah dran am Spielgeschehen. Wenn ein Spiel verloren zu gehen droht, dann leiten die Fans die Wende ein. Das ist schon oft passiert. Wie sagte doch Markus Merk, der Rekordschiedsrichter der Bundesliga? „Ich habe einige Male in Manchester gepfiffen, auch im Camp Nou des FC Barcelona, aber das Millerntor ist einzigartig."

Die vielen Abstiege von St. Pauli haben auch einen Vorteil: Umso mehr freut man sich hier über Aufstiege, so wie 2007.

DIE FRÜHEN JAHRE

Der FC St. Pauli bis 1945

Die erste Sporthalle, die ersten Duschen, die ersten Sponsoren – und viele Heimspiele, die eigentlich keine waren

Die Turnhalle im Südosten des Heiligengeistfelds, eingeweiht 1902, war seinerzeit die größte Norddeutschlands.

No. 55. — 333 —

Spielabteilung des Hamburg-St. Turnvereins.

Spielzeite Sonntags: 9— vormittags

Fussb

Faustb

Leiter der Spiele: H. Rechtern. Teilnahme ist jedem Mitglied

Schwimmklub „Neptun“ von 1886

Vorsetzen

Der St. Pauli TV wirbt in seiner Vereinszeitung für die sogenannte Spielabteilung. Hier wurde zunächst vor allem Schlag- und Faustball, später auch Fußball gespielt.

Der St. Pauli Turnverein von 1862

Warum trägt der FC St. Pauli von 1910 eigentlich genau diesen Namen? Jedenfalls nicht, weil er 1910 ins Leben gerufen wurde. Tatsächlich wurde das Gründungsjahr im Nachhinein festgelegt. Das passiert bei Sportvereinen gar nicht so selten. Schließen sich zum Beispiel zwei oder mehr Vereine zu einem neuen Klub zusammen, wird oft das Geburtsjahr des ältesten in den neuen Namen aufgenommen.

Wenn man es ganz genau nimmt, beginnt die Geschichte des FC St. Pauli schon 1862. In jenem Jahr gründete sich der Hamburg-St. Pauli Turnverein von 1862, aus dem später der FC St. Pauli hervorging. Den Turnverein gibt es unter dem Namen St. Pauli TV übrigens heute noch. Im Karolinenviertel, nur wenige Minuten vom Millerntor-Stadion entfernt, erinnert heute ein Straßenname an diese Anfänge: die Turnerstraße. Hier bauten Mitglieder des Hamburg-St. Pauli Turnvereins 1862 ihre erste Halle.

Mit Ballspielen ging es Ende des 19. Jahrhunderts los. Die Mitglieder der sogenannten Spielabteilung, gegründet 1896, spielten zunächst vor allem Schlag- und Faustball, später auch Fußball – entweder auf dem Vorplatz der Turnhalle oder direkt gegenüber auf dem Heiligengeistfeld. Es gab aber ein Problem: Fußgänger kümmerten sich nicht um die Sportler, sie marschierten einfach durch die Spielfelder. 1902 errichtete der St. Pauli TV eine neue Turnhalle auf dem Heiligengeistfeld – damals die größte Norddeutschlands. Sie wurde 1962 abgerissen.

Fußball auf dem Heiligengeistfeld in den frühen 1920er Jahren. Im Hintergrund die Feldstraße und rechts die Gnadenkirche.

Die Heimat

Das Heiligengeistfeld ist in ganz Deutschland bekannt. Hier findet der Hamburger Dom statt – und hier steht das Stadion des FC St. Pauli. Der Klub hat nie woanders gespielt. Die Plätze lagen aber an unterschiedlichen Stellen des Heiligengeistfeldes – zum Beispiel dort, wo man heute aus dem U-Bahnhof St. Pauli herauskommt. Fußball gespielt wird auf dem Heiligengeistfeld seit Ende des 19. Jahrhunderts.

Amandus Vierth (2. von rechts) ist der Erfinder der braun-weißen Vereinsfarben. Er spielte in der 4. Mannschaft des St. Pauli TV.

Einer der ersten Stars im St.-Pauli-Trikot: der Abwehrorganisator Heinrich Schwalbe.

1910 Die fußballerischen Anfänge

Ein sehr wichtiger Tag in der Klubgeschichte ist der 21. Mai 1909: An dem Tag legten die St. Paulianer die Vereinsfarben Braun-Weiß fest. Den Antrag dazu hatte der Fußballer Amandus Vierth gestellt. Ein Jahr später traten die Fußballer dem Norddeutschen Fußball-Verband (NFV) bei, dem zu der Zeit nur cirka 140 Vereine angehörten. Zum Vergleich: Heute sind es 3.700. Doch 1910 steckte der organisierte Fußball in Deutschland noch in den Kinderschuhen. Das erste Finale um die Deutsche Meisterschaft hatte erst sieben Jahre zuvor stattgefunden, übrigens nicht weit entfernt vom Millerntor: Im benachbarten Altona, das damals noch nicht zu Hamburg gehörte, besiegte der VfB Leipzig den DFC Prag mit 7:2.

Im Sommer 1911 führte der NFV-Bezirk Hamburg die Spielklasse 1c ein und gliederte das neue Verbandsmitglied St. Pauli dort ein. Die Konkurrenten waren unter anderem Hermannia aus dem Stadtteil Veddel, der Rothenburgsorter FK, Eintracht Lokstedt und Holsatia Elmshorn. Die ersten Stars in diesem Team, die damals aber niemand „Stars" nannte, waren der Abwehrorganisator Heinrich Schwalbe und der technisch beschlagene Christian Schmelzkopf. Am 15. März 1914 bestritten sie ihr 100. bzw. 150. Spiel. Das wissen wir heute, weil Schwalbe aus Anlass der beiden runden Jubiläen eine Zeitung mit handschriftlich verfassten Texten herausgegeben hat. Schwalbe und Schmelzkopf starben als Soldaten im Ersten Weltkrieg.

St. Paulis Elf in der ersten Punktspielsaison 1911/12 nach einem 3:1 gegen die 3. Mannschaft des Eimsbütteler TV.

St. Paulis 1. Mannschaft im Jahr 1920. Sie spielte damals in der A-Klasse, der höchsten Hamburger Liga.

Eine Karikatur zum Sieg von St. Pauli gegen Altona 93 im Jahr 1929.

Hamburger Mächte
Als es bei St. Pauli mit Fußball gerade losging, waren Altona 93 und der SC Victoria die großen Namen in der Stadt. Zwischen 1906 und 1913 machten sie den Hamburger Meistertitel praktisch unter sich aus. Überregional erfolgreicher war Altona: Der Klub stand zweimal im Halbfinale um die Deutsche Meisterschaft (1903 und 1909), „Vicky“ einmal (1907).

1924 Die ersten Jahre als FC

Im Sommer 1919 gelang dem St. Pauli TV erstmals der Sprung in die höchste Hamburger Spielklasse. Nach der Saison mussten die Braun-Weißen die lokale Eliteliga aber gleich wieder verlassen. Es sollte in den folgenden Jahren noch mehrmals passieren, dass St. Pauli innerhalb kurzer Zeit auf- und abstieg.

1924 beschlossen die Fußballer, sich vom Turnverein abzuspalten. Auslöser war ein Streit zwischen der Deutschen Turnerschaft, der der St. Pauli TV angehörte, und den anderen Sportverbänden. So wurde am 5. Mai 1924 der FC St. Pauli gegründet. Ins Vereinsregister ließ sich der Klub dann später unter dem Namen „FC St. Pauli von 1910“ eintragen, weil die Fußballer 1910 dem Norddeutschen Fußball-Verband beigetreten waren. Die erste Mannschaft, die unter dem neuen Vereinsnamen antrat, belegte in der Saison 1924/25 in der Alsterkreis-Staffel des NFV unter acht Mannschaften den 6. Platz – 17 Punkte hinter dem Meister HSV.

Erfolge in den 1930er Jahren

Den größten Erfolg der noch jungen Klubgeschichte feierten die Braun-Weißen im März 1931. Dank eines 4:3-Sieges gegen den Eimsbütteler TV qualifizierten sie sich für die Spiele um die Norddeutsche Meisterschaft. Über das Erreichen der Endrunde freute sich unter anderem Franz Blunk, der Vereinswirt. Er spendierte der Mannschaft drei Duschen. Für die Kicker war das ein großer Fortschritt, denn bis dahin mussten sie nach Heimspielen mit Waschschüsseln auskommen. Für mehr Geschenke gab es keinen Anlass: Das Achtelfinale verloren die St. Paulianer nämlich mit 1:6 gegen Phönix Lübeck.

Bereits in den 1930er Jahren durfte sich der FC St. Pauli über die Unterstützung von Sponsoren freuen – obwohl die damals noch keiner so nannte. Zu den Geldgebern in dieser Zeit gehörte Alexander Richter, der gemeinsam mit seinem Bruder Carl zeitweilig mehrere Hamburger Theater führte, darunter das Kleine Lustspielhaus, die Volksoper und das Operettenhaus.

Eine der wichtigsten Personen im Verein war der Jugendleiter Richard „Käppen“ Rudolph (1895–1969). „Käppen“ entdeckte zum Beispiel in den Schulen der Umgebung talentierte Spieler. Innerhalb kürzester Zeit gelang es ihm, die Zahl der Jugendmannschaften zu verdoppeln: 1936 hatte der FC St. Pauli mit 24 Herren- und 26 Jugendmannschaften die größte Fußballabteilung Hamburgs! Die beste Platzierung in den 1930er Jahren schaffte St. Pauli in der Saison 1936/37. In der höchsten Spielklasse, die nun Gauliga Nordmark hieß, wurde der Klub Vierter.

Förderer der St.-Pauli-Jugend: Richard „Käppen“ Rudolph.

Nachbarn auf St. Pauli

In den ersten Jahrzehnten des 20. Jahrhunderts gab es auf dem Heiligengeistfeld bis zu elf Sportplätze. Ihr Zuhause hatten hier zum Beispiel Hansa 11, Vineta, Falke, Fichte St. Pauli und Frisch Auf 04. Die meisten dieser Namen sind vergessen. Einen direkten Nachbarn hat der FC St. Pauli aber noch: den SC Hansa 11. Der Bezirksligist spielt auf dem Platz hinter der Nordkurve.

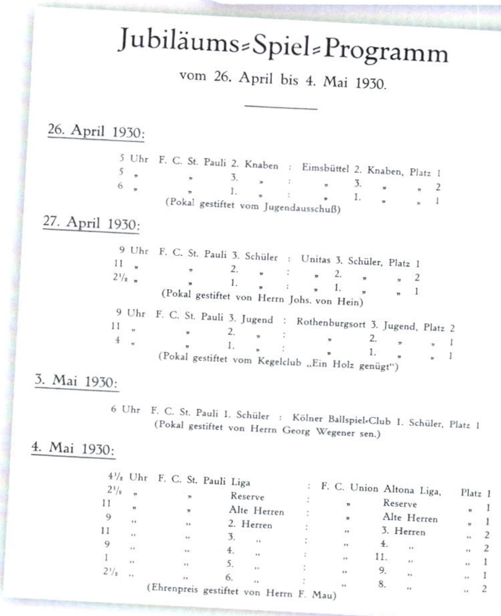

Jubiläums=Spiel=Programm

vom 26. April bis 4. Mai 1930.

26. April 1930:

5 Uhr F. C. St. Pauli 2. Knaben : Eimsbüttel 2. Knaben, Platz 1
5 „ „ 3. „ : „ 3. „ „ 2
6 „ „ 1. „ : „ 1. „ „ 1
(Pokal gestiftet vom Jugendausschuß)

27. April 1930:

9 Uhr F. C. St. Pauli 3. Schüler : Unitas 3. Schüler, Platz 1
11 „ „ 2. „ : „ 2. „ „ 2
2½ „ „ 1. „ : „ 1. „ „ 1
(Pokal gestiftet von Herrn Johs. von Hein)

9 Uhr F. C. St. Pauli 3. Jugend : Rothenburgsort 3. Jugend, Platz 2
11 „ „ 2. „ : „ 2. „ „ 1
4 „ „ 1. „ : „ 1. „ „ 1
(Pokal gestiftet vom Kegelclub „Ein Holz genügt“)

3. Mai 1930:

6 Uhr F. C. St. Pauli 1. Schüler : Kölner Ballspiel-Club 1. Schüler, Platz 1
(Pokal gestiftet von Herrn Georg Wegener sen.)

4. Mai 1930:

4½ Uhr F. C. St. Pauli Liga : F. C. Union Altona Liga, Platz 1
2½ „ „ Reserve : „ Reserve „ 1
11 „ „ Alte Herren : „ Alte Herren „ 1
9 „ „ 2. Herren : „ 3. Herren „ 2
11 „ „ 3. „ : „ 4. „ „ 2
9 „ „ 4. „ : „ 11. „ „ 1
1 „ „ 5. „ : „ 9. „ „ 1
2½ „ „ 6. „ : „ 8. „ „ 2
(Ehrenpreis gestiftet von Herrn F. Mau)

1930 feierte der FC St. Pauli sein 20-jähriges Jubiläum. Aus diesem Anlass fanden zahlreiche Jubiläumsspiele statt.

Szene aus einem Spiel gegen Union 03 Altona (1936). Endstand: 4:1 für St. Pauli!

Januar 1935: Bis an den Spielfeldrand drängten sich die 3.500 Zuschauer am Millerntor beim Spiel gegen den Kieler Klub Borussia Gaarden.

Der FC St. Pauli im Jahr 1935.

1933–1945
St. Pauli im Nationalsozialismus

Nach der Machtübernahme der Nationalsozialisten Anfang 1933 verhielt sich der FC St. Pauli wie viele andere Sportvereine: Er passte sich an und widersetzte sich den Diktatoren nicht. Eine spezielle, sehr unerfreuliche Gemeinsamkeit gibt es zwischen St. Pauli und dem Rivalen HSV. Beide Klubs hatten einen NS-Kriegsverbrecher in ihren Reihen: Beim HSV war dies der frühere Nationalmannschaftsstürmer Otto Harder, der in verschiedenen Konzentrationslagern als Wachmann, Verwalter oder Kommandant tätig war.

Vergleichbar grausam war St. Paulis Stürmer Otto Wolff, der am Millerntor in der Zeit von 1930 bis 1933 Stammspieler war und – mit Unterbrechungen – auch später auf dem Rasen stand. Er war ab 1940 unter anderem Gauwirtschaftsberater in Hamburg. Den Begriff „Gau" nutzten die Nazis zur Bezeichnung von Regionen. Wolff spielte „eine führende Rolle in der Hamburger Kriegswirtschaft", schreibt die Historikerin Friederike Littmann, eine Schwägerin des langjährigen St.-Pauli-Präsidenten Corny Littmann, in einem ihrer Bücher. Wolff raubte Juden ihr Eigentum und organisierte Zwangsarbeit. Beim FC St. Pauli war Wolff aber „nur" Spieler. Er hatte keinen Posten im Vorstand oder ähnliche wichtige Aufgaben. Nach der Befreiung Hamburgs durch die Briten kam Wolff in Internierungshaft. Im April 1948 wurde er entlassen. Er starb 1992. Dass der Verein

Zeichen der Zeit: An St. Paulis Vereinsheim weht die Hakenkreuzfahne.

Der erste Nationalspieler
Karl Miller, der aus St. Paulis Jugend stammte, trug zwischen 1940 und 1942 zwölfmal das DFB-Trikot. Der Verteidiger war damit der erste Nationalspieler des FC. Dabei lief er zu der Zeit gar nicht für den Millerntorklub auf, sondern für den Dresdner SC. Des Rätsels Lösung: Während des Zweiten Weltkrieges durfte man als „Gastspieler" für einen zweiten Klub kicken.

ihn einst mit einer Goldenen Ehrennadel ausgezeichnet hatte, fiel erst Jahre später auf. 2010 beschloss die Mitgliederversammlung des FC, dem NS-Verbrecher Wolff diese Auszeichnung abzuerkennen.

Fußball während des Krieges

Der sportliche Wettbewerb wurde durch den Zweiten Weltkrieg erheblich beeinträchtigt. Die Aufstellungen hingen stark davon ab, welche Soldaten aus der Mannschaft Heimaturlaub hatten. In den Saisons 1940/41 und 1941/42 war St. Pauli nicht einmal in der höchsten Hamburger Spielklasse vertreten. Der erste international bekannte Spieler, der für St. Pauli spielte, kam während des Kriegs nach Hamburg. Es war Rudolf Krčil, der 1929 das erste Mal in der tschechischen A-Nationalmannschaft gespielt hatte. Insgesamt kam er auf 20 Länderspiele, und 1934 wurde er sogar Vizeweltmeister. Außerdem wurde er mit Slavia Prag mehrmals tschechoslowakischer Meister. Bei St. Pauli, wo der damals 36-Jährige 1942 für einige Monate spielte, beendete er seine aktive Karriere. Alte St. Paulianer sahen ihn fast drei Jahrzehnte später auf einer gegnerischen Trainerbank wieder: Krčil coachte in der Saison 1969/70 Bergedorf 85. Der heutige Amateurklub war damals ein Konkurrent des FC in der Regionalliga.

Für die NS-Opfer
„Zum Gedenken an Mitglieder und Fans des FC St. Pauli, die während der Jahre 1933 bis 1945 durch die Nazi-Diktatur verfolgt oder ermordet wurden" – eine Gedenktafel mit dieser Inschrift findet man auf dem Vorplatz des Millerntor-Stadions. Sie wurde 2004 eingeweiht. Sowohl Fanklubs und Fanladen als auch das Präsidium hatten sich dafür eingesetzt.

Der alte St.-Pauli-Platz wurde im Krieg zerstört.

SPITZEN-FUSSBALL AM MILLERNTOR

Der FC St. Pauli 1946–1963

Ein Team mit sehr vielen Stars, ein Trainer, der ungewöhnlich lange bleibt – und zwei Torjäger, die Vereinsgeschichte schreiben

In der Wunderelf spielten auch einige Ex-Dresdner. Von ihnen hier im Bild: Schaffer (oben links), Köpping, Dzur (die beiden oben rechts außen) sowie Hempel (unten links).

Die **Wunderelf**

Ab 1945 entstand am Millerntor eine deutsche Spitzenmannschaft, die von Fußballfans und Journalisten bald „Wunderelf" genannt wurde. Rund ein Dutzend Kicker aus Berlin und dem Osten Deutschlands kam nach Hamburg, darunter viele Nationalspieler. Hauptverantwortlich dafür war Verteidiger Karl Miller, der in seiner Zeit beim Dresdner SC Kontakte geknüpft hatte. Sein wichtigstes Argument für einen Wechsel nach Hamburg lautete: Fleisch. Warum? Nicht weit entfernt vom Stadion, im Stadtteil Neustadt, betrieb sein Vater eine Schlachterei. Fleisch war kurz nach dem Krieg knapp, und dank des alten Miller konnte der FC St. Pauli seinen Spielern etwas bieten, was andere Vereine nicht bieten konnten.
Die ersten beiden Meisterschaftsrunden nach dem Krieg wurden nur auf lokaler Ebene ausgetragen: St. Pauli spielte in der Hamburger Stadtliga. In der ersten Saison führte der FC in der Tabelle bis zum vorletzten Spieltag mit einem Punkt Vorsprung vor dem HSV. Doch nach einem 0:2 gegen Altona 93 war der Titel futsch. Ein Jahr später war das vergessen: St. Pauli wurde mit drei Punkten Vorsprung vor dem HSV Meister.

Die **Erfolgssaison** 1947/48

In der folgenden Spielzeit 1947/48 ging der FC in der neu formierten Oberliga Nord an den Start. Die Oberliga war damals die höchste deutsche Spielklasse, sie war in fünf Staffeln aufgeteilt. Gleich zu Beginn knüpfte die Wunderelf an die Meistersaison an: mit einem 10:0 in Hannover und einem 5:0 gegen Holstein Kiel. Etwas Besonderes erlebten die Fans im November 1947: Gegen den SC Victoria lief erstmals Helmut Schön, der spätere Trainer der deutschen Nationalmannschaft, in einem Punktspiel für St. Pauli auf. Schön bestritt zwar insgesamt nur drei Meisterschaftsspiele für die Braun-Weißen. Aus heutiger Sicht ist der Mann, der als Trainer 1974 mit Deutschland Weltmeister wurde, jedoch der berühmteste Spieler in der Geschichte des Vereins.
Die Saison 1947/48 sollte für den FC St. Pauli die bis heute erfolgreichste werden. Zwar verlor der Klub die beiden wichtigsten Partien gegen den HSV, nämlich das Entscheidungsspiel um den Meistertitel in der Oberliga Nord und das Finale um die Meisterschaft in der Britischen Zone. Zu der gehörte neben Norddeutschland auch Nordrhein-Westfalen. Der 2. Platz in der Zonenmeisterschaft reichte aber aus, um sich für das Viertel-

Weltmeistertrainer in jungen Jahren: der kurzzeitige St.-Pauli-Spieler Helmut Schön 1937 in einem Länderspiel gegen Schweden.

Berlin 1948: Die Wunderelf-Kicker vor dem DM-Viertelfinalspiel gegen Union Oberschöneweide.

finale der Deutschen Meisterschaft zu qualifizieren. Dort servierte St. Pauli den Berliner Meister Union Oberschöneweide mit 7:0 ab. 70.000 Zuschauer sahen im Berliner Olympiastadion das Spiel gegen den Klub, der heute 1. FC Union Berlin heißt.

Die Mannschaft des FC St. Pauli im Halbfinale um die Deutsche Meisterschaft, 25. Juli 1948, 1. FC Nürnberg – St. Pauli 3:2 n.V.

Nah dran am Titel

Im Halbfinale der Deutschen Meisterschaft 1947/48 traf St. Pauli in Mannheim auf den 1. FC Nürnberg. 37.000 Zuschauer sahen die Partie, 91.000 hatten Karten angefordert. St. Pauli lag bereits 0:2 hinten, schaffte aber noch den Ausgleich. Doch schon in der vierten Minute der Verlängerung markierte der Nürnberger Pöschl das 3:2. Damit war das Spiel beendet, denn damals galt die Regel, dass die Mannschaft das Spiel gewonnen hat, die in der Verlängerung das erste Tor schoss. Trotzdem: Für den FC St. Pauli war das Erreichen des Halbfinales der größte Erfolg seiner Vereinsgeschichte! So nah ist der Klub dem deutschen Meistertitel danach nie wieder gekommen. Den Titel holte sich Nürnberg übrigens durch einen 2:1-Sieg über den 1. FC Kaiserslautern.

Was für ein Highlight! 1948 spielte St. Pauli im Halbfinale um die Deutsche Meisterschaft gegen den 1. FC Nürnberg und Max Morlock (Mitte). Der FCN-Star sollte 1954 Weltmeister werden.

St. Pauli schlägt Bayern München! Torschütze Fred Boller (2. von links) jubelt nach seinem Treffer zum 1:0.

Programmheft von 1949.

Kickende Tankwarte
Vom Fußball allein konnten Fußballer in den 1950er Jahren nicht leben. Auch St. Paulis Idol Harald Stender nicht. Deshalb führte der gelernte Autoschlosser ab 1951 eine Tankstelle – ganz in der Nähe des Millerntors. 37 Jahre lang arbeitete er dort. Auch sein langjähriger Mitspieler Otmar Sommerfeld war Tankstellen-Pächter.

1949

Bayern geschlagen!

Ein Jahr später begann das Abenteuer Deutsche Meisterschaft mit einem 2:0-Sieg in einem Qualifikationsspiel gegen Rot-Weiss Essen. Der nächste Gegner in der Vorrunde war der FC Bayern München, der damals schon ein großer Verein war, wenn auch nicht so mächtig wie heute. In Hannover trennte man sich zunächst 1:1. Damit wurde ein Wiederholungsspiel notwendig. Kaum zu glauben: Es fand bereits am nächsten Tag statt! St. Pauli siegte schließlich mit 2:0.

Fürs Viertelfinale mussten die Hamburger nach Bremen reisen, wo das Spiel gegen den 1. FC Kaiserslautern stattfand. Wie gegen die Bayern ging das Spiel 1:1 aus. Das bedeutete: schon wieder ein Wiederholungsspiel! Immerhin hatten die Spieler nun eine Woche Pause. St. Pauli verlor dann zwar mit 1:4, aber das Ergebnis täuschte. Rolf Börner und Fred Boller trafen für die Braun-Weißen dreimal Latte und Pfosten. Und das dritte und das vierte Tor der Kaiserslauterer fielen erst in den letzten fünf Minuten. Einer der stärksten Spieler beim Sieger war der berühmte Fritz Walter, der spätere Kapitän der deutschen Weltmeistermannschaft von 1954.

So sah das Trikot in den 1950er Jahren aus.

Die Wunderelf wird alt

1950 lag der FC in der Abschlusstabelle der Oberliga zwar neun Punkte hinter dem HSV. Aber die Vorrunde zur Deutschen Meisterschaft begann optimal: mit einem 4:0 Sieg gegen TuS Neuendorf in Hannover. St. Paulis Stürmer Werner Kruppa traf zweimal gegen den Klub, der heute TuS Koblenz heißt. Aber auch 1950 war wieder im Viertelfinale Endstation. Dieses Mal war die SpVgg Fürth besser. Sie kennt man heute übrigens unter dem Namen SpVgg Greuther Fürth.

In der Spielzeit 1950/51 erreichten die Braun-Weißen zum letzten Mal die Endrunde um die Deutsche Meisterschaft. Die Finalteilnehmer wurden nun in Gruppenspielen ermittelt. Leider gelang den Hamburgern dabei nur ein Sieg: ein 2:1 gegen Schalke 04. Am Ende wurde der FC St. Pauli Gruppenletzter hinter dem 1. FC Kaiserslautern, der später in Berlin das Endspiel gegen Preußen Münster gewann, sowie Schalke und Fürth.

In der wichtigsten Phase der Saison hatte man gespürt, dass viele Spieler der Wunderelf inzwischen alt geworden waren. Hans Appel zum Beispiel war bereits 40 Jahre. „St. Pauli benötigt nicht zwei oder drei, sondern ein halbes Dutzend jüngerer Spieler von Format", schrieb das *Hamburger Abendblatt*.

Die TV-Premiere

Am 25. Dezember 1952 startete das Fernsehen in der Bundesrepublik Deutschland, nachdem der Sendebetrieb im Zweiten Weltkrieg eingestellt worden war. Bereits einen Tag später lief zum ersten Mal Fußball live. Der FC St. Pauli hatte die Ehre, dass sein Achtelfinal-Pokalspiel gegen Hamborn 07 übertragen wurde. Leider verlor der FC mit 3:4. Die Weihnachtsstimmung war verdorben.

In die Jahre gekommen: Hans Appel (rechts) 1952 in einem Spiel gegen Arminia Hannover. Da war er bereits 41!

DM-Endrunde 1951: Auch bei der SpVgg Fürth hatte St. Pauli das Nachsehen. Es hagelte vier Gegentore. Endstand: 1:4.

Die Welt zu Gast

In den 1950er Jahren waren Freundschaftsspiele gegen internationale Spitzenteams bei den Fans sehr beliebt. So kam es, dass damals die Newell's Old Boys aus Rosario (Argentinien), Hibernian Edinburgh und Aston Villa am Millerntor zu sehen waren. Die meisten Partien verlor St. Pauli. 1951 gelang aber ein 4:3-Sieg gegen den schon damals großen AC Mailand.

Stadionzeitung aus dem Jahr 1959.

1952 Beginn der Ära Hempel

Im Oktober 1952 trat am Millerntor ein Trainer sein Amt an, der vorher ein sehr wichtiger Spieler der Wunderelf gewesen war: Heinz Hempel. Sein erster großer Erfolg war 1953/54 die Vizemeisterschaft in der Oberliga Nord. Im Sommer 1956 begann ein großer Umbruch: Der Klub holte mit Ingo Porges, Rolf Bergeest und Emil Schildt drei talentierte Offensivspieler. Im Angriff lief es fortan prima, in der Defensive weniger. So kam am Ende der Saison 1956/57 eine Torbilanz zustande, die für einen Tabellenvierten sehr merkwürdig war: 40:52. Sogar die beiden Absteiger Arminia Hannover und Heider SV kassierten weniger Gegentreffer.

In den Jahren 1957 und 1958 verpflichtete der FC zwei Stürmer, die zu den besten der Klubgeschichte werden sollten. Zunächst kam Horst Haecks, dann zog es Peter Osterhoff ans Millerntor. Beide stammten aus dem Hamburger Amateurfußball. Mit ihnen spielte die Hempel-Truppe 1959/60 eine überragende Saison. Am stärksten war die Mannschaft wohl im Oktober 1959, als Osterhoff allein einen 4:1-Sieg beim SC Concordia klarmachte.

1961 Abschied vom „alten" Stadion

Die frühen 1960er Jahre waren die Zeit der großen Veränderungen: 1960/61 beendete das „Denkmal" Harald Stender im Alter von 36 Jahren seine Karriere. Im Sommer 1961 hieß es wieder

Riesenjubel: Im März 1954 schlägt St. Pauli den HSV am Millerntor mit 3:0!

St. Pauli verabschiedet sich von seinem alten Platz: Nach dem Spiel gegen Rot-Weiß Oberhausen am 22. Juli 1961 wird das Tornetz eingeholt.

Abschied nehmen: Der FC musste sein erst 1946 fertiggestelltes Stadion in der südöstlichen Ecke des Heiligengeistfeldes aufgeben, weil die Stadt Hamburg das Grundstück für eine Gartenbauausstellung nutzen wollte. Die neue Spielstätte entstand schließlich wenige Meter weiter – dort, wo das heutige Stadion steht. Eingeweiht wurde das neue Zuhause im Juli 1961 mit einem Freundschaftsspiel gegen CDNA Sofia, das der mehrfache bulgarische Meister mit 7:4 gewann. Die Freude über das neue Stadion war aber schnell vorbei, weil beim Bau gepfuscht worden war: Der Rasen war nicht regentauglich, er musste schon bald komplett ausgebessert werden.

November 1962: St. Paulis Top-Torjäger Peter Osterhoff (rechts) trifft per Kopf gegen Concordia Hamburg.

1963 Die Einführung der Bundesliga

Wegen des kaputten Rasens konnte St. Pauli in der Oberligasaison 1962/63 seine Heimspiele nicht am Millerntor austragen. Meistens wich man in das Stadion des SC Victoria aus. Auch dies war wieder eine Saison des Abschieds, und zwar in doppelter Hinsicht: Es war die letzte Oberliga-Spielzeit vor der Einführung der Bundesliga. Und es war die elfte und letzte für Trainer Heinz Hempel. Niemand in der Geschichte des Klubs hat sich länger auf diesem Posten halten können. Am Ende sprang für St. Pauli nur der 6. Platz heraus. Vielleicht wegen der fehlenden Heimspiele?

Drei Klubs aus der Oberliga Nord kamen schließlich in die neu gegründete Bundesliga: Werder Bremen und Eintracht Braunschweig mussten sich qualifizieren. Dass der HSV in der neuen Spielklasse dabei sein würde, hatte der DFB vorher festgelegt. Der FC St. Pauli sollte dagegen fortan in einer der fünf Regionalligen spielen. Damit war der Klub erstmals seit 1942 wieder zweitklassig.

Hamburger Rivalen
Zwischen 1947 und 1963 war St. Pauli hinter dem HSV fast immer die Nummer zwei in der Stadt – aber auch nur fast immer. Denn viermal war Altona 93 der zweitbeste Verein Hamburgs. In der ersten Hälfte der 1950er Jahre war auch der Eimsbütteler TV ein harter Konkurrent der Braun-Weißen.

DIE BESTEN BRAUN-WEISSEN
DIE STARS 1946–1963

Einer der bekanntesten Keeper in der Geschichte St. Paulis ist **HARRY WUNSTORF**. Der frühere Leichtathlet und Handballtorwart kam 1951 aus Berlin und stand 13 Jahre für den FC im Tor. Wunstorf war ein Showman: Er zeigte auch dann Flugparaden, wenn es gar nicht notwendig war. **HANS APPEL** kam ebenfalls aus Berlin zu St. Pauli. Er fiel unter anderem durch geschickte Grätschen auf. Besonders bemerkenswert an der Karriere des Defensivspielers Appel: 1951 spielte er noch als 40-Jähriger mit St. Pauli um die Deutsche Meisterschaft. 20 Jahre zuvor hatte er diesen Titel mit Hertha BSC geholt.

Fast so lange wie Appels Karriere dauerte die von **JUPP FAMULA**. Er hörte 1959 im Alter von 39 Jahren auf. Ab der Saison 1950/51 war Famula, der Verteidiger und Stürmer spielen konnte, Stammspieler beim FC. Appel und Famula gehörten zu jenen Spielern, die **KARL MILLER** ans Millerntor lotste. Der Linksverteidiger Miller profitierte dabei von den Kontakten, die er in der Nationalelf und als Spieler des mehrfachen Deutschen Meisters Dresdner SC geknüpft hatte. Aus Dresden wechselte zum Beispiel **WALTER DZUR** nach Hamburg. Er war der zentrale Abwehrspieler in St. Paulis Wunderelf in den späten 1940er und frühen 1950er Jahren. Vor allem seine Schnelligkeit beeindruckte. Kein Wunder, dass er beinahe Leichtathlet geworden wäre.

An Dzurs Seite stand bei St. Pauli **HARALD STENDER**. Der vielseitige Ur-St.-Paulianer spielte sein Leben lang nie für einen anderen Verein. Stender hat die zweitmeisten Spiele in der Geschichte der alten Oberliga Nord bestritten, nämlich 336. Mehr Einsätze hat nur **OTMAR SOMMERFELD** vorzuweisen: Er kam auf 362 Oberliga-Spiele. Sommerfeld spielte in der Oberliga aber noch für zwei weitere Vereine: für den Harburger TB und Bergedorf 85. Sowohl mit Stender als auch mit Sommerfeld zusammengespielt hat **HERBERT KÜHL**. Der Verteidiger war zehn Jahre lang am Millerntor. Von 1959 bis zum Ende seiner Karriere 1962 trug er die Kapitänsbinde.

Rekordspieler der Oberliga Nord: Otmar Sommerfeld (vorne).

Als Stürmer **FRITZ MACHATE** Ende 1946 zum FC St. Pauli wechselte, war das eine große Ehre für den Klub. Einige Jahre zuvor hatte Machate bereits einen sensationellen Rekord aufgestellt: In der Saison 1940/41 traf er für seinen Stammverein Dresdner SC in 36 Spielen 56-mal. **ALFRED BECK** war nach Karl Miller der zweite St.-Pauli-Kicker, der für die deutsche Nationalmannschaft auflief. Er kam aber nur zu einem Einsatz. Immerhin schoss der Außenstürmer 1954 beim 1:3 in England das Tor für die deutsche Mannschaft.

ROLF BERGEEST war ab den späten 1950er Jahren eine schillernde Figur im Offensivspiel des FC St. Pauli. Seine Dribbelkunst beeindruckte die Zuschauer. Sie wurde ihm aber auch manchmal zum Verhängnis, weil ihn die Gegenspieler oft nur mit brutalen Fouls stoppen konnten. An der Seite Bergeests stürmte **HORST HAECKS**, der insgesamt 162 Tore für die Braun-Weißen schoss. Damit belegt er in der vereinsinternen Torjägerliste Platz 2. Vor ihm rangiert **PETER OSTERHOFF**, der andere große St.-Pauli-Torjäger der späten 1950er und frühen 1960er Jahre. Der stämmige Angreifer war zwischen 1959 und 1962 jeweils unter den drei besten Torschützen der Oberliga Nord. In der Saison 1961/62 wurde er mit 27 Treffern knapp Zweiter hinter Uwe Seeler (28). Insgesamt schoss Osterhoff in zehn Jahren 181 Tore für St. Pauli – ein Vereinsrekord, der wohl niemals gebrochen wird.

Zweitbester Torjäger der Vereinsgeschichte: Horst Haecks.

Schoss die meisten Tore für den FC St. Pauli: Peter Osterhoff.

DIE MACHT IM NORDEN

Der FC St. Pauli 1964–1985

Die Duelle mit Osnabrück und Barmbek-Uhlenhorst, das Scheitern in den Aufstiegsrunden, das allererste Jahr in der Bundesliga – und ein tiefer, tiefer Fall

ie Weltstadt Hamburg hat viele Attraktionen,
z.B. mehr als ein Fußball-As!
FC St. Pauli auf dem Weg zur Spitze

1963–1966
Zweimal Meister, einmal Zweiter

In die Regionalliga-Saison 1963/64 ging der FC St. Pauli mit einem neuen Trainer: Otto Westphal hatte vorher die Nationalmannschaft Togos trainiert – ein damals sehr ungewöhnlicher Job für einen Fußballlehrer aus Deutschland.

Westphals Mannschaft spielte in dieser Saison sehr stark auf: In der Rückrunde gelang ihr eine Serie von 15 Spielen in Folge ohne Niederlage. Der ärgste Rivale war Hannover 96. Das Heimspiel gegen den direkten Konkurrenten um den Titel gewann die Westphal-Elf nach einem 0:2- und 2:3-Rückstand noch mit 4:3. Heute würde man sagen: Es war ein typisches Millerntor-Spiel, schließlich haben die St.-Pauli-Teams der vergangenen Jahre immer wieder Rückstände in Siege umgewandelt. Am Ende der Saison wurde der FC Meister vor Hannover 96. Den 96ern dürfte das aber kurz darauf egal gewesen sein. Sie setzten sich in der Aufstiegsrunde zur Bundesliga durch, St. Pauli nicht.

Die Braun-Weißen spielten auch in den folgenden Jahren ganz vorne mit. In der Saison 1964/65 gewann man unter dem neuen Trainer Otto Coors die Vizemeisterschaft – allerdings zehn Punkte hinter Holstein Kiel. Danach kam schon wieder ein neuer Coach ans Millerntor: Kurt Krause. Mit ihm konnte man ein Jahr später die Meisterschaft feiern. In jener Saison gab es am Millerntor auch einen der fünf höchsten Punktspielsiege der Vereinsgeschichte zu sehen: Die Braun-Weißen schlugen den VfL Osnabrück mit 9:0. Doch über solch glanzvolle Siege konnte sich am Ende der Saison niemand mehr freuen, denn erneut scheiterte St. Pauli in der Aufstiegsrunde zur Bundesliga.

Der Allererste
Der FC St. Pauli ist in vieler Hinsicht ein Vorreiter. Das galt auch schon in den 1960er Jahren: 1963 verstärkte der Klub seine Offensive mit Kokou Guy Acolatse, einem Nationalspieler aus Togo. Er war der erste Schwarzafrikaner, der in Deutschland professionell Fußball spielte. Später hatte Acolatse eine kleine Rolle in einem Film mit der Sängerin Gitte.

Auch wenn St.-Pauli-Keeper Hans-Joachim Thoms hier den Ball noch wegfausten kann: Am Ende verloren die Hamburger das Aufstiegsspiel 1964/65 bei Borussia Neunkirchen mit 1:4.

1968 Nur 1.500 Zuschauer gegen Oldenburg

In der zweiten Hälfte der 1960er Jahre gehörte der FC St. Pauli zwar weiterhin zu den Spitzenklubs in der Regionalliga. Für den Titel oder die Vizemeisterschaft reichte es in dieser Phase aber nicht. Kurzzeitig holte der Vorstand sogar die Trainerlegende Heinz Hempel zurück. Das geschah im November 1967.

Auch der erfahrene Coach konnte nicht verhindern, dass zu den ersten beiden Heimspielen des Jahres 1968 gegen Oldenburg und Barmbek-Uhlenhorst nur 1.500 beziehungsweise 1.700 Zuschauer kamen. Der Zuspruch der Fans war damals stark vom Erfolg abhängig – und davon, ob der Gegner attraktiv war. So kamen ungefähr ein Jahr später zum Spitzenspiel gegen den VfL Osnabrück 20.000 Zuschauer ans Millerntor. Der VfL war damals der dominierende Klub der Liga. Dreimal hintereinander wurden die Niedersachsen zwischen 1968 und 1971 Meister.

Ehrung für die Norddeutsche Meisterschaft im Mai 1966: im Bild die Torhüter Christensen und Thoms, Nationalspieler Porges und ein nach Erfolgstrainer „Jockel" Krause benannter Ehrengast.

Unschöne Aufstiegsrunden
Zwischen 1964 und 1974 fanden elf Aufstiegsrunden zur 1. Liga statt. St. Pauli war sechsmal dabei – öfter als jeder andere Verein, aber immer erfolglos. Teilnehmer waren die Meister und Vizemeister der fünf Regionalligen. Es gab zwei Gruppen. Sehr nahe kamen die Braun-Weißen dem großen Ziel 1966. Wegen des besseren Torverhältnisses stieg aber Rot-Weiss Essen auf.

Aufstiegsrunde 1966, Rot-Weiss Essen – St. Pauli. Die Hamburger gewannen das entscheidende Spiel mit 1:0. Um aufzusteigen, hätten sie aber ein Tor mehr schießen müssen!

Zu Regionalliga-Zeiten lieferte sich St. Pauli heiße Duelle mit Barmbek-Uhlenhorst. So auch im Oktober 1973: Die Barmbeker waren für das Spitzenspiel ins alte HSV-Stadion am Rothenbaum ausgewichen.

1973/74
113 Tore in 36 Spielen

St. Paulis große Regionalliga-Jahre waren die letzten vier Saisons vor Einführung der 2. Bundesliga. Zweimal Zweiter, zweimal Erster: So lauteten die Platzierungen in der Abschlusstabelle. In dieser Zeit waren die Derbys mit Barmbek-Uhlenhorst besonders attraktiv. Die Barmbeker landeten damals stets in der Spitzengruppe, einmal lediglich zwei Punkte hinter St. Pauli. In dieser Zeit waren die Leistungsunterschiede in der Liga aber ziemlich groß. Das zeigte sich vor allem in der Saison 1973/74: St. Pauli wurde Vizemeister – und schoss dabei 113 Tore (in 36 Spielen). Vereinsrekord! Gegen Phönix Lübeck und auswärts in Heide erzielten die Braun-Weißen acht Treffer, in Bremerhaven sogar neun. Der Star der Saison war Franz Gerber, der 31-mal zum Einsatz kam und dabei 33-mal traf.

Der Kartenkönig

An die neue 2. Liga mussten sich die Zuschauer erst gewöhnen. Gegner wie den DJK Gütersloh oder Wacker 04 Berlin fanden die Hamburger Fans nicht besonders attraktiv. Nach der Hinrunde der ersten Zweitliga-Saison wurde der damalige Vizepräsident Werner Velbinger ziemlich sauer: „Im Augenblick scheint es schwieriger, den FC St. Pauli in Hamburg zu verkaufen als Heizöfen am Äquator."
Einen entscheidenden Schritt nach vorn machte der Verein in der Saison 1976/77. Zum ersten Mal bestand der Kader fast ausschließlich aus Vollprofis: 13 Spieler verdienten ihren Lebensunterhalt nur mit Fußball – darunter auch Torjäger Gerber, der nach einem Abstecher zum Wuppertaler SV ans Millerntor zurückgekehrt war, und Ab-

Die erste Einwechslung
Ein Fußballspiel ohne Auswechslungen? Das kann sich heute kaum noch jemand vorstellen. Erlaubt sind sie allerdings erst seit der Saison 1967/68. Es dauerte bis zum 6. Spieltag, ehe St. Pauli erstmals einen Spieler einwechselte. Rolf Gieseler hieß er.

Walter Frosch und die Schiedsrichter – ein ewiges Thema. Allein in der Saison 1976/77 sah er mindestens 18-mal Gelb.

wehrspieler Walter Frosch. Frosch war vom Bundesligisten 1. FC Kaiserslautern nach Hamburg gekommen und stellte in dieser Saison einen Rekord auf, der im deutschen Profifußball bis heute besteht. 18- oder 19-mal – da ist man sich uneinig – sah Frosch die Gelbe Karte. Die Regelung, dass man nach vier und sieben (heute: fünf und zehn) Gelben Karten für ein Spiel gesperrt wird, gab es damals noch nicht.

1977 Endlich aufgestiegen!

Sowohl der Goalgetter Gerber als auch der Draufgänger Frosch trugen schließlich auf ihre Weise zu einer denkwürdigen Serie bei: Nach einer mittelprächtigen Anfangsphase (11:11 Punkte) blieb die von Diethelm Ferner trainierte Truppe 27-mal hintereinander ungeschlagen. Damit gelang dem FC endlich, wovon die Fans schon oft geträumt hatten: der Aufstieg in die Bundesliga. Der entscheidende Treffer fiel am 7. Mai 1977 beim Auswärtsspiel gegen den SC Herford. Der Däne Niels Tune-Hansen schoss dieses vereinshistorisch so bedeutende Tor. Sogar die britische Königin bekam das mit. Das kam so: Einer der prominentesten Fans des FC St. Pauli war zu jener Zeit der damalige Bundesfinanzminister Hans Apel. Am Tag des Spiels fanden in London Gespräche mit Apel, Bundeskanzler Helmut Schmidt, der britischen Regierung und der Queen statt. Als Apel zu Beginn der Konferenz noch nicht im Saal war, wunderten sich die anderen Teilnehmer. Der hatte aber einen guten Grund: Er musste seine Frau anrufen, um das Ergebnis zu erfahren. Erst nachdem die Gattin die wichtigste Nachricht des Tages („Wir haben gewonnen“) übermittelt hatte, konnte es losgehen.

„EIN WALTER FROSCH SPIELT NUR IN DER A-MANNSCHAFT ODER IN DER WELTAUSWAHL.“

St.-Pauli-Verteidiger Frosch 1976, als ihn DFB-Coach Jupp Derwall in die damals noch existierende B-Nationalelf berufen wollte

Wie hier gegen Westfalia Herne jubelte Franz Gerber in der Aufstiegssaison 27-mal! Der Stürmer hatte maßgeblichen Anteil am Sprung in die Bundesliga.

Auch der Bundesfinanzminister gratuliert zum Aufstieg: Hans Apel (rechts) mit St.-Pauli-Kapitän Rolf Höfert.

1. Liga, wir kommen! Niels Tune-Hansen schießt das Tor, das den Aufstieg perfekt macht.

Mit diesem Kader startete der FC St. Pauli in die erste Bundesliga-Saison der Vereinsgeschichte: Hinten von links Trainer Diethelm Ferner, Dietmar Demuth, Rolf Höfert, Jens-Peter Box, Niels Tune-Hansen, Sören Skov, Walter Frosch, Masseur Naujokat; Mitte von links Walter Oswald, Gino Ferrin, Wolfgang Kulka, Franz Gerber, Rudolf Sturz, Horst Neumann; Vorne von links Maik Galakos, Rolf-Peter Rosenfeld, Reinahrd Rietzke, Jürgen Rynio, Manfred Mannebach, Horst Feilzer.

1977/78

Ein Jahr 1. Liga

Das allererste Bundesliga-Spiel des FC St. Pauli fand am 6. August 1977 am Millerntor statt. Werder Bremen, ein alter Rivale aus Zeiten der Oberliga Nord, war zu Gast. Es wurde ein turbulentes Nordderby. Werder ging in der 72. Minute in Führung, doch innerhalb der letzten zehn Minuten erzielte St. Pauli noch drei Tore: Dietmar Demuth verwandelte zwei Foulelfmeter, und dann traf noch Franz Gerber. Heute würde man sagen, das Spiel lebte von einer typischen Millerntor-Dramatik. In der Bundesliga hat St. Pauli danach übrigens nie wieder gegen die Bremer gewonnen.

Wenige Wochen später, im September 1977, erlebten die Zuschauer eine Sensation am Millerntor: Neuling St. Pauli besiegte Hertha BSC gleich mit 3:0. Zu Beginn der Saison hatten die Berliner als Meisterschaftsanwärter gegolten. Das Spiel entschied Gerber mit drei Treffern innerhalb von 16 Minuten. Nach dem Spiel wurde viel über die Zuschauerresonanz diskutiert. Drei Wochen nach dem sensationellen und bis heute legendären 2:0-Sieg beim HSV waren nur 12.000 Zuschauer ans Millerntor gekommen. Die Fachzeitschrift *Sport-Megaphon* schrieb, die Hamburger hätten es sich „bislang wahrlich nicht verdient, zwei Bundesligisten in ihren Mauern zu beherbergen".

Das erste Bundesliga-Tor des FC St. Pauli: Dietmar Demuth trifft per Elfmeter zum 1:1 gegen Werder Bremen. Am Ende sollten die Hamburger noch mit 3:1 gewinnen.

Riesenfreude bei Kapitän Rolf Höfert und seinen Mitspielern: Der FC St. Pauli hat den HSV sensationell mit 2:0 geschlagen.

Die schönste Sensation
Einer der größten Tage in St. Paulis Geschichte ist der 3. September 1977. Da gewannen die gerade in die Bundesliga aufgestiegenen Braun-Weißen mit 2:0 beim HSV. Die HSV-Abwehr ließ sich dabei „scheuchen wie ein Hühnerschwarm“. Das schrieb die Zeitschrift *Sport Megaphon*. Damit hatte kein Experte gerechnet.

Mannschaftsaufstellung beim ersten Hamburger Derby in der 1. Bundesliga: HSV – FC St. Pauli 0:2, 3. September 1977

*46. Feilzer

Heimspiele im falschen Stadion

Die Siege gegen Hertha und den HSV deuteten an, dass die Mannschaft in der Bundesliga mithalten konnte. Aber allzu oft zeigte sie dieses Potenzial nicht. Dafür gab es viele Gründe: Walter Frosch zum Beispiel konnte nur rund die Hälfte der Spiele bestreiten, weil er verletzt in die Saison ging. Weitere sehr wichtige Spieler wie Libero Gino Ferrin und Mittelfeldspieler Manfred Mannebach fehlten mehrere Monate lang.
Noch schlimmer: Weil man auf große Kulissen hoffte, hatte sich der Verein entschieden, die meisten Spiele im Stadion des HSV auszutragen. Dort passten damals ungefähr dreimal so viele Zuschauer rein wie ins Millerntor. Außer bei drei Partien (Braunschweig, Köln und das Lokalderby) hätte für die Zuschauer aber auch das eigene Stadion gereicht.
Die Entscheidung, in die Arena des Lokalrivalen auszuweichen, zahlte sich auch sportlich nicht aus. Dort gelangen nur zwei Siege: am 12. Oktober 1977 gegen 1860 München (4:1) und wenige Wochen später, am 26. November, gegen Fortuna Düsseldorf (2:1). Am Ende der Saison standen gerade mal sechs Siege zu Buche. Die unvermeidliche Folge: der Abstieg in die 2. Liga.

Das Endspiel
Am letzten Spieltag der Bundesliga-Saison 1977/78 ging es für St. Pauli um nichts mehr. Der Abstieg stand schon fest. Trotzdem schaute Fußball-Deutschland nach Hamburg, denn für den Gegner 1. FC Köln war es ein Endspiel. Die Gäste standen an der Tabellenspitze – und Mönchengladbach punktgleich dahinter. Am Ende jubelte Köln über ein 5:0. Die Meisterschaft war sicher.

Ein Bild von St. Paulis höchstem Sieg in der ersten Bundesliga-Saison: Hertha BSC wird mit 3:0 nach Hause geschickt. Horst Neumann (Mitte) trifft in dieser Szene allerdings nicht.

Einst ein Gegner St. Paulis, inzwischen vergessen: Herne spielt heute in der 5. Liga.

1979 Der Absturz

In die neue Saison 1978/79 ging man durchaus zuversichtlich, denn mit Sepp Piontek kam ein Trainer nach Hamburg, der einen guten Namen hatte. Immerhin hatte er schon Werder Bremen in der Bundesliga trainiert. Doch je länger die Saison dauerte, desto deutlicher wurden die finanziellen Probleme des Klubs. Die Spieler drohten sogar mit Streik, weil ihnen ihr Gehalt immer mal wieder zu spät überwiesen wurde. Die Fans trugen damals nichts dazu bei, die finanzielle Lage zu verbessern. Das Spiel gegen den DSC Wanne-Eickel wollten zum Beispiel nur 830 Zuschauer sehen Der große Schock kam dann am letzten Spieltag, als der DFB dem FC St. Pauli aus finanziellen Gründen die Lizenz für die 2. Liga entzog. Das bedeutete: Der große Traditionsklub musste – nach dem zweiten Abstieg in Folge – in der 3. Liga ganz neu anfangen.

Neuer Trainer wurde der langjährige St.-Pauli-Spieler Werner Pokropp. In der ersten Saison in der 3. Liga, die damals Amateuroberliga hieß, drohte zwischenzeitlich erneut der Abstieg: Im Dezember 1979 stand der FC St. Pauli auf dem vorletzten Platz, nur der Blumenthaler SV aus Bremen war zu diesem Zeitpunkt noch schlechter. Dann gelang aber noch die Wende zum Guten. Zum Umschwung trug mit Uwe Mackensen auch ein ehemaliger HSV-Profi bei. Er war im Laufe der Saison ans Millerntor gekommen. Am Ende wurden die Braun-Weißen noch Zehnter – und weil die Tordifferenz minimal besser war als die des punktgleichen Rivalen Barmbek-Uhlenhorst, war St. Pauli immerhin das beste Hamburger Team in der Liga.

Hütchenspiele: Trainer Sepp Piontek (rechts) mit Horst Feilzer.

Lizenz weg

„Der FC St. Pauli ist zahlungsunfähig." So lautete der entscheidende Satz in einem 31-seitigen Schreiben, mit dem der DFB begründete, warum er dem Millerntor-Klub 1979 die Profilizenz entzog. Dem Verein fehlten damals 2,1 Mio. DM.

Trieb St. Pauli in die Finanzkrise: der damalige Präsident Ernst Schacht.

Hoher Besuch am Millerntor: Zum 75-jährigen Jubiläum gastierte Inter Mailand beim FC St. Pauli. Hier für die Mailänder am Ball: Karl-Heinz Rummenigge, der heutige Vorstandschef des FC Bayern München.

1985
Highlight gegen Inter

Im zweiten Jahr stand der FC dann aber wieder ganz oben. In der Deutschen Amateurmeisterschaft – ein Wettbewerb, den der DFB 1998 abschaffte – kam der Klub bis ins Endspiel. Dort erwies sich aber die Amateurmannschaft des 1. FC Köln als stärker.
Erst in der Saison 1984/85 spielten die Braun-Weißen wieder in der 2. Liga. Der Aufstieg kam also rechtzeitig zum 75-jährigen Geburtstag. Doch im Jubiläumsjahr gab es keinen Grund zum Feiern. Als am 30. Mai Inter Mailand zum Jubiläumsspiel in Hamburg antrat, stand St. Pauli in der entscheidenden Phase des Abstiegskampfs. Zwar gelang gegen den italienischen Spitzenklub – für den stürmte damals Karl-Heinz Rummenigge, der heutige Vorstandschef des FC Bayern München! – ein 2:1-Erfolg. Doch zehn Tage später war alles vorbei: Ein 1:1 beim VfR Bürstadt reichte nicht, um die Klasse zu halten.

Stadionzeitung aus der Zweitliga-Saison 1984/85.

0:3-Niederlage bei den Stuttgarter Kickers: Torwart Klaus Thomforde und Stefan Studer können auch den Treffer von Thomas Remark nicht verhindern. Am Ende der Saison 1984/85 steigt St. Pauli in die 3. Liga ab.

DIE BESTEN BRAUN-WEISSEN
DIE STARS 1964–1985

Hans-Joachim Thoms

Der Nachfolger des legendären Harry Wunstorf im Tor des FC St. Pauli war **HANS-JOACHIM THOMS**. Er war in den 1960er Jahren rund ein halbes Jahrzehnt lang Stammkeeper. Abwehrchef **JÜRGEN WEIDLANDT** spielte zwar nur zwei Jahre in Hamburg, hinterließ aber großen Eindruck. Zum Beispiel beim damaligen Bundesligisten Karlsruher SC, der ihn 1966 holte. **INGO PORGES** spielte dagegen zwölf Jahre beim FC. Die Hälfte der Zeit war er Kapitän. Der Abwehrchef war bekannt für seine Übersicht und für seine große Fairness.

WERNER POKROPP war neben Porges eine weitere große Spielerpersönlichkeit der 1960er Jahre. Zwischen 1960 und 1970 baute er das Spiel aus der Defensive auf. Auch jenseits des Platzes war Pokropp ein großer St. Paulianer. Nach seiner Spielerkarriere unterstützte er den Verein jahrzehntelang als Obmann, Trainer und Aufsichtsrat. **HORST WOHLERS** war der herausragende St.-Pauli-Libero in den frühen 1970er Jahren. 1975 holte Erstligist Borussia Mönchengladbach den brillanten Techniker.

ALFRED HUSSNER war der zweite große St.-Pauli-Star in dieser Zeit. Für einen Mittelfeldspieler schoss er außergewöhnlich viele Tore: 1971/72 erzielte er 23 Treffer, ein Jahr später sogar 24. Hußner wechselte dann nach Belgien, wo er beim KV Mechelen Torschützenkönig wurde. Dass St. Pauli 1977 den ersten Bundesliga-Aufstieg schaffte, daran hatte auch **DIETMAR DEMUTH** als Innenverteidiger seinen Anteil. Dabei war er damals erst 22 Jahre alt.

Bekannt für seine Fairness: Abwehrspieler Ingo Porges.

Fliegender Libero: Horst Wohlers.

Werner Pokropp

Dietmar Demuth

Torjäger Franz Gerber mit ungewöhnlichem Haustier. Man nannte ihn auch „Schlangenfranz".

Alfred Hußner

Die beste Zeit seiner Profikarriere erlebte er in Leverkusen. Mitte der 1980er Jahre kehrte Demuth ans Millerntor zurück. Auch dank seiner Routine ging es dort nun wieder aufwärts. **WALTER FROSCH** war berüchtigt, weil kaum ein Spiel verging, ohne dass er eine Gelbe Karte sah. Manche Schiedsrichter zogen sie aber eher wegen seines Rufs und nicht, weil er etwas Verwarnungswürdiges getan hatte. Anerkennung verdient der Publikumsliebling Frosch, weil er dem Verein auch nach dem Abstieg 1978 und dem Lizenzentzug 1979 treu blieb. Erst nach sechs Jahren verließ er St. Pauli, um wenige Kilometer weiter westlich anzuheuern: bei Altona 93. Ähnlich vereinstreu war **ROLF HÖFERT**, der als Libero und im Mittelfeld Regie führte. Er feierte in den frühen 1970er Jahren mit St. Pauli zwei Meistertitel in der Regionalliga. Seine beste Zeit erlebte er aber als Kapitän der Aufstiegself von 1977. **FRANZ GERBER** war einer der stärksten Stürmer, den der FC je hatte. Er spielte in drei verschiedenen Phasen für St. Pauli. Besonders wichtig waren die 27 Treffer, die er 1976/77 zum Aufstieg in die 1. Liga beisteuerte. 1981 wurde er Fußballer des Jahres – aber nicht in Deutschland, sondern in Kanada.

Vereinstreu: Rolf Höfert.

Rustikaler Abwehrspieler: Walter Frosch.

IMMER WIEDER DIE GROSSEN ÄRGERN

Der FC St. Pauli 1986 bis heute

Das wachsende Interesse der Hamburger Fußballfans, die beste Bundesliga-Serie, die erfolgreichste Pokalsaison – und der berühmte Sieg gegen einen Weltpokalsieger

hummel
congstar
hummel
hummel

Olé, olé, olé, super Hamburg, Sankt Pauli: Fans am Millerntor in den 1980er Jahren.

1986 Mit sympathischen Typen nach oben

Was passierte 1986? Der spanische Tennisweltstar Rafael Nadal und die deutsche Fernsehmoderatorin Daniela Katzenberger kamen auf die Welt. In der ukrainischen Stadt Tschernobyl geschah ein großes Unglück in einem Atomkraftwerk, das Angst in ganz Europa auslöste. Für viele St.-Pauli-Fans hat das Jahr noch eine andere Bedeutung. Denn 1986 erlebte der Verein die große Wende: Die Braun-Weißen schafften den Sprung von der 3. in die 2. Liga. Außerdem tat sich auf den Rängen viel. Es kamen immer mehr Menschen ins Stadion, die lange nicht mehr zum Fußball gegangen waren oder sich sogar vorher nie dafür interessiert hatten. Was lockte sie ans Millerntor? Eine Reihe von sympathischen Typen, die damals Anfang 20 waren und mit großer Leidenschaft Fußball spielten. Kicker wie André Golke, Jürgen Gronau und Volker Ippig. Eine ähnlich große Rolle für die neue Beliebtheit St. Paulis spielte die Atmosphäre im kleinen, engen Millerntor-Stadion. Hier war die Stimmung einfach besser als in den großen Arenen.

1987 Hexenkessel Millerntor

Zwei Spiele, die für den Ruf des St.-Pauli-Publikums wichtig waren, fanden im Frühsommer 1987 statt. Zunächst das Spitzenspiel gegen Hannover 96 am 30. Mai 1987. Das Stadion war zum ersten Mal seit 21 Jahren – seit einem Viertelfinalspiel im DFB-Pokal gegen Nürnberg – ausverkauft. St. Pauli lag bereits 1:4 zurück, ehe in der Schlussphase das 2:4 fiel. Menschen, die sich bereits auf den Nachhauseweg gemacht hatten, rannten zurück und trieben die Mannschaft nach vorn. Es fiel zwar nur noch das 3:4, aber es war mehr drin gegen die 96er, die kurz darauf in die 1. Liga aufstiegen.

Nur rund vier Wochen später stand das Publikum wieder Kopf. In der Relega-

Spannende Relegation: Das Rückspiel gegen den FC Homburg (in Grün) am 24. Juni 1987 entschied der FC St. Pauli mit 2:1 für sich. Leider wurde es trotzdem nichts mit dem Aufstieg: Das Hinspiel hatten die Hamburger 0:3 verloren.

tion für die Bundesliga standen sich St. Pauli, Tabellendritter der 2. Liga, und der FC Homburg, Drittletzter der 1. Liga, gegenüber. Das Hinspiel hatte St. Pauli, das inzwischen von Willi Reimann trainiert wurde, auswärts mit 0:3 verloren. Als Jürgen Gronau am Millerntor in der 72. Minute zum 1:0 traf, tobte die Menge. Alles schien möglich. Zu mehr als einem 2:1 reichte es dann aber nicht, doch die Zuschauer feierten, als sei ihre Mannschaft gerade aufgestiegen. Warum auch nicht? Es war ja schon sensationell genug, dass der Aufsteiger Dritter geworden war.
Wenn man nur die Ergebnisse sieht, verliefen die Partien gegen Hannover und Homburg enttäuschend. Aber manchmal ist das Ergebnis eben nicht das Wichtigste. Bei diesen beiden Spielen entstand der Glaube, dass ein entfesseltes Publikum Unmögliches möglich machen kann.

Hart umkämpft: das Zweitliga-Spitzenspiel im DFB-Pokal im Mai 1987. Nur knapp, mit 3:4, verlor St. Pauli gegen Hannover 96.

Tore des Monats

Seit 1971 gibt es den ARD-Wettbewerb „Tor des Monats“. Zwei Spieler des FC St. Pauli haben ihn bis jetzt gewonnen. Im März 1989 wählten die Zuschauer Rüdiger Wenzel: für ein Volleytor mit der Hacke gegen den HSV. Im Dezember 2005 erzielte Felix Luz das schönste Tor – per Kopf im DFB-Pokal gegen Hertha BSC.

Rüdiger Wenzel schoss das erste Tor des Monats für den FC St. Pauli. Hier ist er in einem Spiel gegen Werder Bremen im April 1989 zu sehen – etwa einen Monat nach seinem Kunstschuss gegen den HSV.

1988/89
Beinahe im UEFA-Cup

Die Arbeit, die St. Paulis Trainer Willi Reimann leistete, gefiel auch dem Nachbarn HSV sehr. Im Herbst 1987 schnappte der Lokalrivale dem FC deshalb den Trainer weg. Mitten in der Saison also! Immerhin bekam St. Pauli für Reimann eine Ablösesumme. Sein Weggang wirkte sich aber nicht negativ aus. Im Gegenteil: Mit Reimanns Nachfolger Helmut Schulte stürmten die Braun-Weißen in die 1. Liga!

Es folgte die bis heute erfolgreichste Bundesliga-Saison der Klubgeschichte. Im Frühjahr 1989 schien es sogar möglich, dass St. Pauli sich für den UEFA-Cup qualifizierte – so hieß die Europa League damals. Am Ende landete die Schulte-Elf auf Platz 10. In der Zuschauertabelle wurde St. Pauli sogar Vierter – hinter Dortmund, dem FC Bayern und dem VfB Stuttgart. Auch in der Saison darauf war die Hoffnung auf einen UEFA-Cup-Platz realistisch. Aber in der Endphase rutschte die Mannschaft ab. Sogar der Klassenerhalt geriet noch in Gefahr.

Sensationssieg: Am 2. März 1991 gewinnt St. Pauli durch einen Treffer von Ralf Sievers 1:0 beim Deutschen Meister Bayern München. Kein Wunder, dass Bayern-Trainer Jupp Heynckes erbost ist.

Da gab es noch Hoffnung: Bernd Hollerbach (vorne) im ersten Relegationsspiel gegen die Stuttgarter Kickers am 19. Juni 1991.

Untröstlich: Volker Ippig (rechts) nach dem Abstieg 1991.

Der schnellste Doppelschlag

Im April 1991 hatte Oliver Kahn, der damals noch für den Karlsruher SC spielte, ein sehr seltenes Erlebnis. Nach drei Minuten lag seine Mannschaft am Millerntor mit 0:2 zurück. Das war auch der Endstand. Beide Tore für St. Pauli hatte Dirk Zander geschossen. Dieser Doppelpack gilt als der schnellste in der Geschichte der Bundesliga.

In der Saison 1990/91 stand der FC nach dem letzten Spieltag schließlich auf Platz 16. Das bedeutete: Ob St. Pauli erstklassig bleiben würde, entschied sich in der Relegation gegen den Dritten der 2. Liga, die Stuttgarter Kickers. Es wurde spannend. Am Millerntor führte St. Pauli lange mit 1:0, ehe der spätere FC-Stürmer Marcus Marin kurz vor Schluss ausglich. In Stuttgart lagen die Kickers vorn, doch St. Pauli schaffte in Unterzahl noch den Ausgleich. Wieder 1:1! Im entscheidenden Spiel auf neutralem Platz kam es dann zur Katastrophe: Im Parkstadion von Gelsenkirchen verlor St. Pauli mit 1:3 und stieg ab.

1993 Manzis wichtigstes Tor

Zwei Jahre später, in der Saison 1992/93, drohte der nächste Abstieg. Der brasilianische Stürmer Leonardo Manzi verhinderte ihn am letzten Spieltag der 2. Liga, als er gegen Hannover 96 das 1:0 köpfte. Die Fans flippten aus, als sei St. Pauli Meister geworden. Das wäre in der Saison 1993/94 tatsächlich möglich gewesen. St. Pauli blieb 18 Spiele hintereinander ungeschlagen, kam am Ende aber nur auf Platz 4 – drei Punkte hinter Zweitliga-Meister Bochum.

Der Aufstieg gelang ein Jahr später. Am letzten Spieltag gegen Homburg waren die Fans derart begeistert, dass sie sogar zu früh den Platz stürmten – das Spiel war da noch gar nicht abgepfiffen! Nach der Rückkehr in die 1. Liga bewiesen die St. Paulianer, dass sie – anders als manche Journalisten glaubten – nicht nur kämpfen konnten. Die Elf von Ulrich Maslo, der 1994 den Trainerposten übernommen hatte, glänzte auch spielerisch – etwa bei einem 4:2 in Mönchengladbach. Davon war in der Saison 1996/97 nichts mehr zu spüren. Der Tiefpunkt: eine Viertelfinal-Niederlage im DFB-Pokal bei Drittligist Energie Cottbus. Am Ende der Saison stieg der FC mal wieder in die 2. Liga ab.

Ulrich Maslo an der Torwand.

Der Beste an der Torwand
Drei unten rechts, drei oben links – so schießen seit 1964 Gäste des *Aktuellen Sportstudios* im ZDF auf eine Torwand. Der erfolgreichste Schütze des FC St. Pauli ist Ulrich Maslo. Am 12. August 1995 traf der damalige Trainer des FC dreimal.

Friedlich, wenn auch ein wenig zu früh, feierten die Fans den Aufstieg 1995 mit einem Platzsturm.

26. Mai 2000: Abstiegskampf gegen Rot-Weiß Oberhausen. Marcus Marin (links) sichert mit seinem Tor zum 1:1 in letzter Minute den Klassenerhalt.

2000 Klassenerhalt in letzter Minute

Im Mai 2000 ging es am Millerntor an einem letzten Spieltag mal wieder um alles. St. Pauli drohte der Sturz in die 3. Liga. Es war das bisher dramatischste Saisonfinale. Erst in der 90. Minute erzielte Marcus Marin gegen Rot-Weiß Oberhausen aus kurzer Entfernung das 1:1. Der Klassenerhalt war geschafft!

Weil es bei St. Pauli oft anders kommt, als man denkt, spielte die Mannschaft in der folgenden Saison nicht gegen den Abstieg. Im Gegenteil. Trotz finanzieller Probleme marschierte der Klub an die Spitze. Die Braun-Weißen erzielten dabei 70 Tore, mehr als jeder andere Klub aus den ersten drei Ligen. Erneut kam alles auf den letzten Spieltag an, an dem der FC in Nürnberg gastierte. Der Held des Tages: Deniz Baris. Der in Hamburg aufgewachsene Defensivmann, der später für die türkische Nationalelf spielen sollte, köpfte das entscheidende 2:1. Nie kam ein St.-Pauli-Aufstieg so überraschend!

Die Mannschaft, die am 20. Mai 2001 mit einem 2:1-Sieg in Nürnberg sensationell den Aufstieg schaffte

*46. Baris, **46. Gerber, ***65. Lotter

Aufstiegstrainer und Aufstiegsheld 2001: Dietmar Demuth auf den Schultern von Deniz Baris.

Da ist Oliver Kahn aber wütend! Nico Patschinski (rechts) hat gerade das 2:0 gegen den FC Bayern erzielt.

2002 Weltpokalsiegerbesieger

In der folgenden Bundesliga-Saison hatten die FC-Fans wenig Grund zur Freude. Eine Ausnahme war der 2:1-Heimsieg gegen den FC Bayern im Februar 2002. Weil die Münchener einige Wochen zuvor den Weltpokal gegen die Boca Juniors aus Argentinien gewonnen hatten, feierten sich die St. Paulianer als „Weltpokalsiegerbesieger“. Es blieb für lange Zeit der letzte Höhepunkt. Denn St. Pauli stieg nicht nur aus der Bundesliga ab, sondern ein Jahr später noch einmal. Damit fand sich der so beliebte Verein in der Spielzeit 2003/04 in der 3. Liga wieder. Und es hätte sogar noch schlimmer kommen können: Nur weil der Verein im Rahmen einer „Retter-Kampagne“ genügend Geld sammelte, bekam er überhaupt die Lizenz für die dritthöchste Spielklasse.

Auch dort lief es nicht gut. Dass es eine gruselige Saison werden würde, war den meisten Fans spätestens am 7. November klar. Am Millerntor reichte es gegen den gerade aufgestiegenen Tabellenletzten VfR Neumünster nur zu einem 1:1. Aber wer war überhaupt Neumünster? An den Gegner konnten sich nur sehr wenige ältere Zuschauer erinnern. Zuletzt hatten sich die beiden Vereine in der Saison 1964/65 in einem Punktspiel gegenübergestanden. Einige Wochen später war der FC gezwungen, den Trainer zu wechseln, um den Abstieg zu verhindern. Dies gelang dann auch tatsächlich Andreas Bergmann, der Franz Gerber abgelöst hatte.

Im Fahrstuhl

Der FC St. Pauli steigt relativ oft auf und ab. Zwischen 1988 und 2014 gelang viermal der Sprung in die Bundesliga. Aber zweimal (2002 und 2011) ging es schon nach einem Jahr wieder runter. Solche Klubs, die zwischen den Ligen pendeln, nennt man Fahrstuhlmannschaften. Auch der 1. FC Nürnberg, Arminia Bielefeld und der MSV Duisburg gehören dazu.

Sensation im Viertelfinale des DFB-Pokals 2005/06: Akrobatisch trifft Fabian Boll per Seitfallzieher im Schneespiel gegen Werder Bremen zum 2:1. Endstand: 3:1 für St. Pauli!

2005/06

„Wir sind Pokal!“

Mit Trainer Andreas Bergmann erlebten die noch immer drittklassigen Braun-Weißen 2005/06 auch die erfolgreichste Pokalsaison der Klubgeschichte. Erster Höhepunkt: ein 4:0 gegen Bochum, damals ungeschlagener Tabellenführer der 2. Liga. Verteidiger Florian Lechner gelang dabei ein Traumtor aus 30 Metern. „Das beste Spiel seit Jahren“, jubelte das *Hamburger Abendblatt*. In den nächsten Runden folgten fesselnde Duelle mit den Großen aus der Bundesliga. Im Achtelfinale gewann St. Pauli gegen Hertha BSC 4:3 nach Verlängerung. Dabei hatte der FC zur Pause schon 0:2 und in der Verlängerung mit 2:3 hinten gelegen. Offenbar kamen die Berliner mit dem unglaublichen Lärm im Stadion nicht klar. Diese Aufholjagd gelang den Braun-Weißen drei Tage vor Heiligabend. Ein besseres Weihnachtsgeschenk konnte es für St.-Pauli-Fans nicht geben.

Der nächste Pokalhit fand Ende Januar statt: ein Nordderby gegen Werder Bremen. Das Spiel fand auf schneebedecktem Rasen statt. Rasenheizung? Gab es am Millerntor damals nicht. Auch Werder sah alt aus gegen St. Pauli, Nationalspieler Tim Borowski verschoss sogar einen Elfmeter. Endstand: 3:1 für Braun-Weiß. Ein Sieg wäre dann sogar im Halbfinale gegen den FC Bayern möglich gewesen. St. Pauli hatte viele klare Torchancen, aber Bastian Schweinsteiger und Co. gewannen dank ihrer Routine mit 3:0. Obwohl es also fürs Finale im Berliner Olympiastadion nicht gereicht hatte, kam bald die DVD „Wir sind Pokal! St. Pauli on the road to Berlin“ auf den Markt.

St.-Pauli-Fans vor dem Pokal-Halbfinale gegen die Bayern. Auch wenn es dann doch nicht fürs Finale reichte: St. Pauli konnte stolz sein auf diese tolle Pokalsaison!

2007
Eine tolle Serie reißt

In der folgenden Saison wurde es mal wieder notwendig, den Trainer zu wechseln. Sportchef Holger Stanislawski übernahm den Job von Andreas Bergmann – und führte die Mannschaft endlich wieder in die 2. Liga. Zu Beginn der Saison 2007/08 sagte Präsident Corny Littmann dann in der Zeitung *Die Welt*: „Wir wollen mittelfristig wieder in der Bundesliga spielen, am besten in unserem Jubiläumsjahr 2010.“ Das Auftaktspiel gegen den 1. FC Köln verlor St. Pauli mit 0:2. Damit ging eine tolle Serie zu Ende: 30 Punktspiele hatten die Braun-Weißen zu Hause vorher nicht verloren. Es folgten in den nächsten Monaten weitere Niederlagen gegen Klubs mit großen Namen, zum Beispiel Borussia Mönchengladbach und 1860 München. Die Fans konnten damit leben, denn in der Saison zuvor, in der 3. Liga, war noch Gladbachs 2. Mannschaft der Gegner gewesen. In der Rückrunde gelangen St. Pauli zwei beeindruckende Siege: ein 5:0 gegen den SC Freiburg und ein 3:1 gegen die TSG Hoffenheim. In der Saison darauf stürmte Hoffenheim an die Spitze der Bundesliga.

Kleiner Höhenflug: Im April 2008 gewann St. Pauli mit 5:0 gegen den SC Freiburg. In der Mitte: Charles Takyi.

Aufholjagd gegen Rostock: David Hoilett feiert seinen Treffer zum 2:2-Ausgleich. Später schießt er noch das Siegtor zum 3:2.

2008 Legendäre Aufholjagd gegen Rostock

In der Saison 2008/09 stand St. Pauli nach der Hinrunde noch vor dem 1. FC Nürnberg, der später aufstieg. In der Rückrunde geriet Holger Stanislawskis Truppe aber in eine Krise. Ein Erlebnis aus dieser Saison ist vielen Fans heute noch in Erinnerung: ein Heimspiel gegen Hansa Rostock, in dem St. Pauli zur Pause 0:2 zurücklag. Duelle mit dem Klub aus dem Osten sind immer brisant, weil die Anhänger von St. Pauli bei Auswärtsspielen in Rostock schon oft von gewalttätigen Hansa-Fans angegriffen worden sind.

Der St.-Pauli-Blogger Erik Hauth schrieb über jenes Spiel im März 2009: „Ein Bild aus der Halbzeitpause hat sich in mein Gedächtnis gebrannt: Die Mannschaft des FC St. Pauli steht im Kreis vor dem Gästeblock, dahinter Rauchschwaden der Pyros, die die Rostocker angezündet haben. Diffus durch den Rauch bestrahlt, steht unsere Mannschaft im Kreis und schwört sich, alles daran zu setzen, dass Rostock hier heute Abend doch nicht gewinnt.“ Der Schwur half: Der damals 18-jährige Kanadier David Hoilett schoss zwei Tore, außerdem traf Sako per Foulelfmeter, und St. Pauli gewann noch mit 3:2. Wieder mal eine Aufholjagd also – und dann auch noch gegen einen Verein, den viele St.-Pauli-Fans am wenigsten mögen.

DIE BESTEN BRAUN-WEISSEN DIE STARS 1986–2014 (1)

St. Paulis berühmtester Torwart ist **VOLKER IPPIG**. Bevor er sich zwischen 1988 und 1991 als Stammkeeper durchsetzte, hatte er zeitweilig mit dem Fußball aufgehört. Als er um die 20 Jahre alt war, waren andere Dinge wichtiger: Er arbeitete an einer Behindertenschule und half in Nicaragua beim Bau eines Krankenhauses. Es spricht für Ippig, dass aus ihm noch ein Bundesliga-Torwart wurde, obwohl er in einer für Fußballer so wichtigen Phase eine Auszeit vom Sport genommen hatte. Das wäre heute nicht mehr denkbar. **KLAUS THOMFORDE** war lange sein Konkurrent. Auffällig: Thomforde bejubelte gern seine eigenen Paraden.

Zwischen 1988 und 1991 waren die Abwehrstrategen **JAN KOCIAN** und **JENS DUVE** Führungskräfte auf dem Platz. Der tschechische Libero nahm 1990 für sein Land an der WM teil. Duve war zwischen 2010 und 2014 einer der Vizepräsidenten des FC. Als er gewählt wurde, war sein früherer Mitspieler **ANDRÉ TRULSEN** gerade Co-Trainer am Millerntor. Als Manndecker war Trulsen zwischen 1986 und 1991 und von 1994 bis 2002 eine Stütze. Mit 173 Einsätzen ist er Bundesliga-Rekordspieler des Klubs. Lange mit ihm gemeinsam verteidigte bei St. Pauli **HOLGER STANISLAWSKI**: In der Saison 2001/02 stand „Stani" als einziger Feldspieler der Bundesliga jede Spielminute auf dem Feld. Er kam 1993 vom SC Concordia zum FC St. Pauli – und blieb in verschiedenen Funktionen 18 Jahre beim Verein. Die jungen Fans kennen ihn vor allem als Trainer. Vizepräsident und Sportchef war er aber auch.

Der kampfstarke Mittelfeldspieler **JÜRGEN GRONAU** gehörte 16 Jahre lang St. Paulis Lizenzspieler-Kader an. In seiner Profikarriere spielte er nur für den FC. Einmalig! Ganz anders der linke Außenbahnrenner **BERND HOLLERBACH**: Der spielte nicht nur viereinhalb Jahre am Millerntor, sondern sogar beim HSV.

Kult-Keeper: Volker Ippig.

Vereinstreu: Jürgen Gronau.

Mannschaftsausflug zum Dom: (von links) Torwart Klaus Thomforde, André Golke, Hans-Jürgen Bargfrede und Jens Duve am Schießstand.

„Der Dieter und ich, wir haben uns überlegt, dass wir von jetzt an nur noch foul spielen, wenn es nötig ist."

Jan Kocian nach einem Spiel, in dem sein Mitspieler Dieter Schlindwein und er die Rote Karte gesehen hatten

„Fussball ist wie eine Frikadelle. Man weiss nie, was drin ist."

Martin Driller

„An mir kommt entweder der Ball oder der Gegner vorbei. Aber niemals beide."

Bernd Hollerbach

CHRISTIAN RAHN war in der Saison 2001/02 der sechstbeste Vorlagengeber der Bundesliga. Die mit viel Effet geschlagenen Flanken und Freistöße von St. Paulis Nationalspieler waren gefürchtet. Die wichtigsten Mittelfeldspieler in den frühen 2000er Jahren waren **ZLATAN BAJRAMOVIC** und **THOMAS MEGGLE**. Bajramovic, der 2005 mit dem FC Schalke 04 in der Champions League spielte, war der zweikampfstärkste Mittelfeldspieler in der Bundesliga-Saison 2001/02. Meggle trieb in dieser Zeit die Mannschaft nach vorn. Der gebürtige Bayer verließ St. Pauli zweimal. Im Sommer 2005 kehrte er zum letzten Mal zurück.

RÜDIGER WENZEL hatte bereits viele Europacup-Spiele für Eintracht Frankfurt und Fortuna Düsseldorf bestritten, als er 1985 ans Millerntor wechselte. Dort wurde er schnell zum Publikumsliebling und trug mit seiner Routine zu St. Paulis Höhenflug in der zweiten Hälfte der 1980er Jahre bei. **ANDRÉ GOLKE** ist mit 25 Treffern St. Paulis bisher bester Torschütze in der Bundesliga. Einen anderen Rekord hält **MARTIN DRILLER**: Er ist mit 39 Treffern St. Paulis bester Torschütze der 1990er Jahre.

Blieb insgesamt 18 Jahre beim FC St. Pauli: Holger Stanislawski.

Komm in meine Arme: Thomas Meggle und André Trulsen.

DIE BESTEN BRAUN-WEISSEN DIE STARS 1986–2014 (2)

Die meisten St.-Pauli-Helden zu Beginn des 21. Jahrhunderts waren Defensivspieler. Bei den Fans waren diese Fußballer so beliebt, weil man ihnen jederzeit anmerkte, dass sie sich mit dem FC St. Pauli identifizierten. **FLORIAN LECHNER**, der meistens rechts verteidigte, beeindruckte zum Beispiel durch enormen Einsatzwillen. Der Innenverteidiger **MARCEL EGER** machte nebenbei als Schlagzeuger auf sich aufmerksam. Er ist sogar auf einer Platte des Musikers Bela B. (*Die Ärzte*) zu hören. **RALPH GUNESCH** war auf allen Positionen in der Verteidigung einsetzbar. Er spielte acht Jahre bei St. Pauli, unterbrochen durch zwei Bundesliga-Jahre bei Mainz 05.

Die zentrale Persönlichkeit zwischen der letzten Drittliga-Phase 2003–2007 und dem fünften Bundesliga-Aufstieg 2010 war Innenverteidiger **FABIO MORENA**. Der Sohn eines italienischen Vaters spielte neun Jahre lang am Millerntor. Er war ein Kapitän, der seiner Führungsrolle immer gerecht wurde. **FABIAN BOLL** kickte sogar zwölf Jahre lang ununterbrochen für den FC. Als Teenager stand er einige Jahre in der Nordkurve und in der „Singing Area" der Gegengeraden. 2002 wurde er dann selbst Spieler des Vereins, den er lange angefeuert hatte. Dass er fußballerisch nicht so viel draufhatte wie manch anderer Spieler, machte er durch seine Willenskraft wieder wett. Einmalig im heutigen Profigeschäft: Fußballer war nicht Bolls einziger Beruf. Sein zweiter Job: Kommissar bei der Polizei.

Zu den herausragenden Stürmern der 1990er und 2000er Jahre gehörten **MARCUS MARIN** und **IVAN KLASNIC**. Marin war in der Saison 1993/94 sowie in den Jahren 1997 bis 2000 St. Paulis bester Torschütze. Klasnic schoss in der Aufstiegssaison 2000/01, als er gerade mal Anfang 20 war, zehn Tore. Eine beachtliche Ausbeute.

MAX KRUSE war St. Paulis herausragender Offensivspieler zwischen 2009 und 2012. Der torgefährliche Mittelfeldmann hatte zunächst in Ham-

Lange Jahre Kapitän: der Halbitaliener Fabio Morena.

Vielseitiger Verteidiger: Ralph Gunesch.

Kaum zu stoppen: Fin Bartels.

Max Kruse

Marcus Marin

Florian Lechner

burg in der A-Jugend-Bundesliga für den SC Vier- und Marschlande gespielt und war dann zu Werder Bremen gewechselt. Dort hatte er aber den Durchbruch in der Bundesliga-Mannschaft nicht geschafft. Zu einem herausragenden Profi entwickelte er sich erst am Millerntor. In der Saison 2009/10 trug er viel zum Aufstieg bei. 2012 wechselte er zum SC Freiburg, ein Jahr später nach Mönchengladbach. Dort wurde er 2013 schließlich Nationalspieler.

MARIUS EBBERS schoss 46 Tore zwischen 2008 und 2013 – und ist damit der erfolgreichste St.-Pauli-Torjäger seit André Golke, einem der Klubhelden der 1980er Jahre. Im Oktober 2012 zeichnete ihn der DFB mit der Fair-ist-mehr-Medaille aus. Der Grund: Ebbers hatte in einem Spiel gegen Union Berlin gegenüber dem Schiedsrichter zugegeben, dass er ein Tor mit der Hand erzielt hatte. **FIN BARTELS** stellte zwischen 2010 und 2014 am Millerntor seinen Trickreichtum unter Beweis. Vor allem war er so schnell, dass ihn im Laufduell kaum jemand stoppen konnte.

Hatte oft Grund zum Jubeln: Torjäger Marius Ebbers.

Untypischer Star: Fabian Boll.

Endlich wieder erstklassig: Die Spieler des FC St. Pauli feiern den Aufstieg 2010 mit einer Polonaise.

2009 „Mondlandung" in Rostock

Nach den ersten Spielen der Saison 2009/10 war eines klar: So gut verstärkt hatte sich der FC St. Pauli lange nicht mehr. Max Kruse und Deniz Naki belebten sofort das Angriffsspiel, und auch Matthias Lehmann als defensiver Mittelfeldspieler erwies sich als große Verstärkung. Eingewöhnungsschwierigkeiten? Davon war nichts zu spüren. Der erste sportliche Höhepunkt war ein 5:0-Sieg am 2. Spieltag in Aachen. Freuen konnte sich an diesem Montagabend aber niemand, weil sich ein St.-Pauli-Anhänger bei einem Sturz von einer Brüstung im neuen Aachener Stadion schwer verletzt hatte.

Auf dem Weg zur Eckfahne: Deniz Naki nach dem 2:0-Sieg in Rostock.

Holger Stanislawskis Spieler entwickelten sich zu Spezialisten für hohe Siege: Am 4. Spieltag glänzten sie bei einem 4:0 in Karlsruhe. Gegen TuS Koblenz gewann St. Pauli sogar mit 5:1 und 6:1. Das Spiel der Saison fand am 2. November 2009 in Rostock statt. St. Pauli gewann mit 2:0, was aber in Erinnerung blieb, war eine Spielszene, die sich nach dem Schlusspfiff abspielte: Deniz Naki, der Schütze des zweiten Treffers, rammte kurz vor der Eckfahne eine St.-Pauli-Flagge in den Rasen. Das war eine Geste des Triumphs, schließlich hatte der FC erstmals seit 15 Jahren wieder beim ungeliebten Rivalen in Rostock gewonnen.

Naki reagierte mit der Aktion aber auch auf Beschimpfungen rechtsradikaler Hansa-Fans. Die Szene mit der Fahne erinnerte an Bilder von der ersten Mondlandung: Der amerikanische Astronaut Neil Armstrong hatte 1969 auf dem Mond die Flagge seines Landes gehisst. Der Rockmusiker und St.-Pauli-Fan Thees Uhlmann nahm bald darauf eine neue Version seines Stücks

„Das hier ist Fußball“ auf, in die er die Zeile „Als Naki die Fahne in den Boden rammte / Und keiner vor Glück seinen Namen noch kannte“ einbaute.
Die Offensivbilanz am Ende der Saison war beeindruckend: 72 Tore hatten die Hamburger geschossen – die meisten in der 2. Liga. Genauso viele Treffer schoss damals eine Klasse höher übrigens der Deutsche Meister Bayern München. Der Lohn für diese Treffsicherheit: St. Pauli schaffte zum fünften Mal den Aufstieg in die Bundesliga. Damit war auch klar, dass der Klub zum 100-jährigen Jubiläum 2010 ganz oben spielen würde.

Derbysieger! Dank des Kopfballtors durch Gerald Asamoah gewann St. Pauli das Bundesliga-Duell gegen den HSV im Februar 2011 mit 1:0.

2011
Sieg gegen den HSV

Bemerkenswert: Im Kader der Saison 2010/11 standen zehn Spieler, die schon in der 3. Liga für St. Pauli gespielt hatten. Vor allem mit diesen Kickern – zum Beispiel Fabian Boll, Marcel Eger und Florian Lechner – konnten sich die Fans identifizieren. Als am 2. Spieltag die TSG Hoffenheim ans Millerntor kam, gab es zwei Dinge zu feiern: das erste Bundesliga-Heimspiel seit acht Jahren und die Einweihung einer neuen Haupttribüne. Das Ergebnis lieferte aber keinen Grund zum Jubeln: Hoffenheim gewann durch ein Tor kurz vor Schluss mit 1:0.
In der Bundesliga hinterließ Holger Stanislawskis Elf lange einen guten Eindruck. „Ich finde, dass St. Pauli eine der attraktivsten und mutigsten Mannschaften in Deutschland ist“, sagte Louis van Gaal, der damalige Trainer des FC Bayern. Kurz zuvor hatte seine Mannschaft gegen die Hamburger mit 2:0 gewonnen. Da lobte es sich natürlich leicht.
Von den Siegen bleibt verständlicherweise der 1:0-Erfolg beim HSV in Erinnerung – der zweite Bundesliga-Sieg überhaupt gegen den Nachbarn. Aber danach ging es bergab. Mehrere Abwehrspieler fielen für längere Zeit aus, unter anderem Bastian Oczipka und Carlos Zambrano. Das geschwächte Team konnte die Klasse nicht halten. Enttäuschend waren vor allem die Leistungen am Millerntor: Der FC gewann hier nur viermal. Das überraschte die Fans: Was war bloß aus ihrem heimstarken FC St. Pauli geworden?

34. Spieltag 2010/11: Große Trauer herrschte unter den Fans nicht nur wegen des Abstiegs, sondern auch wegen des Abschieds der St.-Pauli-Helden Holger Stanislawski und André Trulsen. Das Trainergespann wechselte zur neuen Saison nach Hoffenheim.

Mit vielen, vielen Stofftieren wurden Florian Bruns und Marius Ebbers beim letzten Heimspiel der Saison 2012/13 verabschiedet.

2012 Aufstieg knapp verpasst

Der Abstiegsfrust hielt nicht lange an, denn in der Hinrunde der Zweitliga-Saison 2011/12 spielten die nun von André Schubert trainierten Hamburger oft groß auf. Nach 17 Spieltagen hatte die Elf 36 Zähler auf dem Konto. Noch nie hatte St. Pauli in einer Zweitliga-Hinrunde so viele Punkte geholt! In der Rückrunde war von dem Glanz nur noch wenig zu spüren. Das Verhältnis zwischen dem kühlen Trainer Schubert und vielen Spielern war nicht gut.

Vor der letzten Partie der Saison beschloss der Vorstand, Schubert zum Saisonende zu entlassen. Davon erfuhr auch die Mannschaft. Die war darüber so happy, dass sie den SC Paderborn mit 5:0 schlug. Danach überlegten es sich die hohen Herren im Verein noch einmal anders. Schubert durfte bleiben, stattdessen musste Sportchef Helmut Schulte gehen. Ein Kasperletheater! Wenigstens konnte man auf die sportliche Bilanz stolz sein: 64 Punkte hatte die Elf am Ende geholt. Dummerweise reichte das nur für Platz 4. Zwei Jahre zuvor war St Pauli mit dieser Punkteausbeute aufgestiegen, dem FSV Mainz 05 hatten 2008/09 sogar 63 Punkte gereicht.

Klub der 100
Als der FC St. Pauli am 15. März 2013 bei Union Berlin verlor, war das für die Spieler natürlich ein Tag zum Ärgern. Einer freute sich aber zumindest ein bisschen: Marius Ebbers schoss in dem Spiel sein 100. Tor in der 2. Liga. Das haben bis heute nur 15 Spieler geschafft. Darunter zwei Ex-St.-Paulianer: neben dem bereits erwähnten Ebbers (102 Treffer) noch Franz Gerber (113).

Marius Ebbers schießt sein 100. Zweitliga-Tor.

Alle Dresdner springen hoch: Am 5. Spieltag 2013/14 trifft Sebastian Maier in der 90. Minute per Freistoß zum 2:1-Sieg.

Kann sein Glück kaum fassen: Torwart Philipp Tschauner nach seinem Tor gegen den SC Paderborn.

2014

Da war mehr drin!

Auch in der Saison 2012/13 blieb es turbulent. Der im Mai 2012 schon fast entlassene Schubert wurde im September nach einem 0:1 gegen den VfR Aalen dann tatsächlich entlassen. Sein Nachfolger Michael Frontzeck verhinderte zwar den drohenden Abstieg, hielt sich aber nur etwas länger als ein Jahr. Zum neuen Chef wurde dann Frontzecks Co-Trainer Roland Vrabec.

Unter Vrabecs Regie ging der Blick in der Saison 2013/14 endlich wieder nach oben. Die jungen Mittelfeldspieler Marc Rzatkowski und Christopher Buchtmann bewiesen nun oft ihre Klasse. Als Spitzenmannschaft trat die Vrabec-Elf zum Beispiel in Düsseldorf auf, wo sie gegen den Bundesliga-Absteiger Fortuna 2:0 gewann. Fünf Spieltage vor Schluss hatten die Fans noch Hoffnung auf den Aufstieg – dank eines 3:2-Sieges beim SV Sandhausen, bei dem die St. Paulianer zweimal einen Rückstand aufgeholt hatten. Zu dem Zeitpunkt betrug der Abstand zum 3. Platz, der zur Relegation gegen den Drittletzten der Bundesliga berechtigt, nur drei Punkte.

Doch schon wenige Tage später war Trauer angesagt: Durch einen Treffer in der siebten Minute der Nachspielzeit verloren die Braun-Weißen am Millerntor mit 2:3 gegen den direkten Konkurrenten Kaiserslautern. Da war viel Pech dabei, aber ganz überraschend kam die Niederlage auch nicht. Denn in der gesamten Saison gewann St. Pauli nur fünf Heimspiele. Das war ein Grund dafür, dass der FC die zahlreichen Punktverluste der Konkurrenten Fürth, Paderborn und Kaiserslautern nicht ausnutzen konnte. Somit begann für den FC im Sommer 2014 eine Schnapszahl-Saison: Der Verein startete zum 22. Mal in die 2. Liga.

Wenn der Keeper ein Tor köpft

Selten einmal war es am Millerntor nach einem Tor so laut wie am 1. April 2013 um 22.06 Uhr. St.-Pauli-Torwart Philipp Tschauner wird diesen Moment nie vergessen. In der Nachspielzeit der Partie gegen den SC Paderborn köpfte er einen Eckball von Dennis Daube zum 2:2 ins Netz. Ein sensationelles Ereignis. Neben Tschauner haben seit Einführung der 2. Liga 1974 nur vier weitere Torhüter einen Treffer aus dem Spiel heraus erzielt.

DIE BESTEN BRAUN-WEISSEN DIE STARS VON HEUTE

Markus Thorandt

Marcel Halstenberg

Im Tor des FC St. Pauli ist **PHILIPP TSCHAUNER (13)** die unumstrittene Nummer 1, seitdem er 2011 ans Millerntor gekommen ist. Zuvor spielte der gebürtige Franke bei 1860 München und dem 1. FC Nürnberg. **ROBIN HIMMELMANN (30)** gilt Experten als bester Ersatzkeeper der 2. Liga. **PHILIPP HEERWAGEN (1)**, der Bruder der TV-Schauspielerin Bernadette Heerwagen, ist ebenfalls ein zuverlässiger Torwart. Er hat bereits Bundesliga-Erfahrung: In der höchsten Spielklasse stand er 33-mal für den VfL Bochum im Tor.

SÖREN GONTHER (26) ist eine feste Größe im Abwehrzentrum – und das, obwohl er fast eine komplette Saison verletzt ausfiel, nachdem er 2012 vom SC Paderborn gekommen war. Weil Gonther eine so starke Ausstrahlung besitzt, ist er seit Beginn der Saison 2014/15 Kapitän der Braun-Weißen. Ebenfalls Innenverteidiger ist **MARKUS THORANDT (16)**, der 2009 zum FC St. Pauli kam. Der 1981 geborene Bayer, der zur Not auch als Außenverteidiger aushelfen kann, ist der älteste Akteur im Kader der Saison 2014/15. Er ist ein ruhiger und abgeklärter Spieler, der sich nie in den Vordergrund drängt. Seit Sommer 2014 hat Thorandt einen starken Konkurrenten: **LASSE SOBIECH (3)**, der in drei Junioren-Nationalmannschaften des DFB gespielt hat – in der U18, U19 und U21. Der bei Borussia Dortmund ausgebildete Abwehrmann spielte bereits 2011/12 in der 2. Liga für St. Pauli. Danach kickte Sobiech zwei Jahre lang in der Bundesliga (für Greuther Fürth und den HSV). Seine Stär-

Die unumstrittene Nummer 1: Philipp Tschauner.

ken: die gute Übersicht und natürlich das Kopfballspiel. Schließlich ist Sobiech 1,96 Meter groß – so groß wie Stammtorwart Tschauner.

Auf der linken Außenverteidigerposition hat der FC **MARCEL HALSTENBERG (23)** und **DANIEL BUBALLA (15)** zur Verfügung. Der Ex-Dortmunder Halstenberg fällt durch seinen harten Schuss auf. Er kann auch im defensiven Mittelfeld und als Innenverteidiger eingesetzt werden. Sein Konkurrent Buballa ist ein enorm schneller Spieler, der im Sommer 2014 vom Ligakonkurrenten VfR Aalen kam. Wenn er zu seinen Sprints ansetzt, ertönt ein Raunen im Stadion.

SEBASTIAN SCHACHTEN (20) kann hinten auf beiden Außenbahnen spielen. Seine Devise: Niemals aufgeben! Meist marschiert Schachten mit nach unten gerichtetem Blick über das Spielfeld. Er strahlt so viel Kraft aus, dass man denkt, er würde auch durch eine Wand rennen können. Seine Einsatzfreude erinnert an die Spielweise mancher St.-Pauli-Idole der 1980er Jahre. Eine Alternative auf rechts ist **ANDREJ STARTSEV (34)** aus der U23. Rechts verteidigt auch auch **BERND NEHRIG (8)**, der zu Beginn der Saison 2013/14 von Greuther Fürth ans Millerntor kam. In seiner ersten Saison erfüllte er die in ihn gesetzten Erwartungen noch nicht. Nehrig kann auch im Mittelfeld spielen.

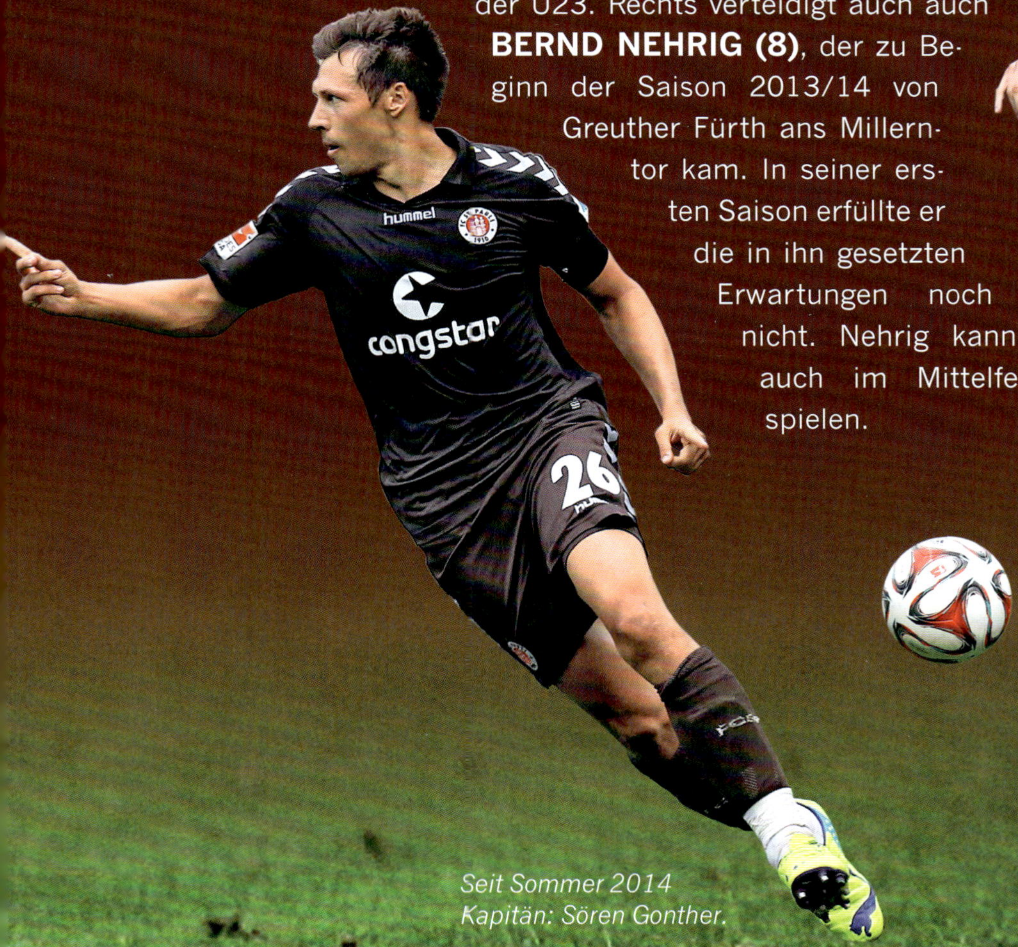

Seit Sommer 2014 Kapitän: Sören Gonther.

„Niemals aufgeben!", lautet die Devise von Sebastian Schachten.

DIE BESTEN BRAUN-WEISSEN DIE STARS VON HEUTE

DEFENSIVES MITTELFELD

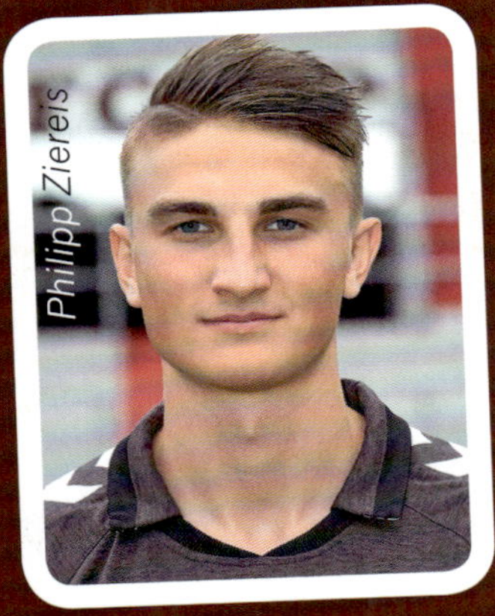

Der vielleicht wichtigste Mannschaftsteil im modernen Fußball ist das defensive Mittelfeld. Hier sind Spieler gefragt, die gegnerische Angriffe unterbinden und eigene Angriffe einleiten können. Bei den St.-Pauli-Fans genießen die ein oder zwei defensiven Mittelfeldleute, die bei einem Spiel in der Startaufstellung stehen, besondere Aufmerksamkeit. Schließlich hatte der beliebteste St. Paulianer der vergangenen Jahre seinen Stammplatz in diesem Mannschaftsteil: Fabian Boll, der zum Ende der Saison 2013/14 seine Karriere beendete und nun als Co-Trainer von St. Paulis U23 arbeitet. Einer der „neuen Bolls" ist **CHRISTOPHER BUCHTMANN (10)**, der schon in der Saison 2013/14 eine sehr, sehr wichtige Rolle spielte. Der frühere Kölner war 2009 Kapitän der U17-Nationalmannschaft, die Europameister wurde. Buchtmann schlägt nicht nur prima Pässe, er kann auch im Zweikampf hart einsteigen – was auf seiner Position manchmal hilfreich ist. In der Saison 2013/14 bekam er 14-mal die Gelbe Karte

Vielseitig einsetzbar – nämlich im defensiven Mittelfeld und in der Abwehr-Viererkette – sind **JAN-PHILIPP KALLA (27)** und **PHILIPP ZIEREIS (4)**. Kalla gehört zu den Publikumslieblingen, weil er aus dem St.-Pauli-Nachwuchs stammt. Neben Markus Thorandt ist er der einzige Spieler im Kader der Saison 2014/15, der schon dabei war, als St. Pauli zum letzten

Zweikampfstark: Christopher Buchtmann.

Mal in der Bundesliga spielte. Das war in der Serie 2010/11. Der talentierte Ziereis, der 2013 aus Regensburg nach Hamburg kam, wurde in der Saison 2013/14 langsam aufgebaut.

Zu ihren Konkurrenten im defensiven Mittelfeld gehört **DENNIS DAUBE (7)**, ein eleganter Mittelfeldspieler, der wegen einer Verletzung 2013/14 kein einziges Mal in der 2. Liga auflaufen konnte. Seine Freistöße und Eckbälle sind stets gefährlich. Wie Daube kommt auch **OKAN KURT (36)** aus St. Paulis Jugendabteilung. Er kann sowohl im defensiven als auch offensiven Mittelfeld spielen. Kurt lief zweimal für die U16-Nationalmannschaft der Türkei auf. Aus dem Nachwuchs von Werder Bremen stammt hingegen **TOM TRYBULL (5)**, der Anfang 2014 zum FC St. Pauli wechselte. Auch für ihn gilt: Er ist spezialisiert auf das defensive Mittelfeld, kann aber auch auf den Außenpositionen davor spielen. Bereits erfahren ist dagegen sein Konkurrent **ENIS ALUSHI (19).** Er ist kosovarischer Nationalspieler.

Ebenfalls zu den Routiniers bei St. Pauli gehört **FLORIAN KRINGE (6)**. Er hat bereits 192 Spiele in der 1. Liga bestritten. Obwohl er in der Saison 2013/14 kein Stammspieler war, schoss er fünf Tore. Der frühere Dortmunder kann im defensiven und im offensiven Mittelfeld spielen.

Eigengewächs: Jan-Philipp Kalla.

Eleganter Mittelfeldspieler: Dennis Daube.

OFFENSIVES MITTELFELD & ANGRIFF

DIE BESTEN BRAUN-WEISSEN
DIE STARS VON HEUTE

SEBASTIAN MAIER (29) erzielte bereits in der Saison 2013/14, seiner ersten bei St. Pauli, ein Tor, das in die Vereinsgeschichte einging: Im Heimspiel gegen Dynamo Dresden wurde er in der 88. Minute eingewechselt. Das Erste, was er tat, als er aufs Spielfeld kam: Er führte einen Freistoß aus. Der landete aus 22 Metern zum 2:1-Siegtreffer im Netz. Stammspieler war Maier in jener Saison zwar nicht, aber mit seinen Freistößen und Fernschüssen versetzte er viele gegnerische Teams in Angst und Schrecken.

MARC RZATKOWSKI (11), 2013 vom VfL Bochum ans Millerntor gekommen, ist der kreative Künstler im Mittelfeld des FC. Doch er ist nicht nur ein brillanter Techniker, sondern auch kämpferisch stark – obwohl man das bei seiner geringen Körpergröße von 1,71 Metern nicht unbedingt erwartet. **MICHAEL GÖRLITZ (22)** ist ein offensiver Mittelfeldspieler, der beidfüßig stark ist. Der nur 1,72 Meter große Görlitz spielt am liebsten auf der rechten Außenbahn. Sein Vorteil: Er hat bereits Erfahrung in Schwedens 1. Liga gesammelt (103 Spiele für Halmstads BK). **DENNIS ROSIN (25)** ist ein großes Talent für die Position im zentralen Mittelfeld. In der Saison 2013/14 spielte er noch in St. Paulis U19-Bundesliga-Elf. Der offensive Mittelfeldmann **BENTLEY BAXTER BAHN (28)** machte im Sommer 2014 innerhalb weniger Wochen einen großen Sprung: von der U23 des FC – die in der 4. Liga kickt! – spielte er sich in den Kader der Zweitliga-Elf. Der vom HSV gekommene Bahn kann auf beiden Außenbahnen spielen. Er gehört zu den wenigen Spielern im Kader des FC St. Pauli, die aus dem Raum Hamburg stammen. Die anderen sind Daube, Kalla, Kurt und Rosin. **LENNART THY (18)** kann sowohl im offensiven Mittelfeld als auch in der Sturmspitze wirbeln.

Bekannt für seine gefährlichen Ecken und Freistöße: Sebastian Maier.

Thy kam von Werder Bremen ans Millerntor und bestritt 48 Partien für fünf Auswahlteams des DFB (U16 bis U20). Bei der U17-EM 2007 war er Torschützenkönig. Auch **KYOUNG-ROK CHOI (37)** ist in der Offensive vielseitig einsetzbar. Er hat fünf Spiele für die U17 Südkoreas bestritten. Der Niederländer **JOHN VERHOEK (12)** ist ein robuster Stürmer, der – wie es in der Fußballsprache heißt – dahin geht, wo es weh tut. **CHRISTOPHER NÖTHE (9)** muss 2014/15 zeigen, was er kann, denn in der Saison zuvor erzielte er lediglich fünf Treffer für St. Pauli. **ANTE BUDIMIR (14)** gehört seit dem Sommer 2014 zu St. Paulis Angriff. Er ist sehr kopfballstark – so einen Stürmertyp haben die FC-Fans lange vermisst. Der 1,90 Meter große Budimir spielte zuvor bei Lokomotive Zagreb in Kroatiens 1. Liga.

Robuster Stürmer: John Verhoek.

Spielte bereits in Schwedens 1. Liga: Michael Görlitz.

ALLES RUND UM DEN FC ST. PAULI

Die großartige Fanszene, das Totenkopf-Symbol, der Kampf der Fans gegen Rassismus, die Geschichte des Millerntor-Stadions – und legendäre Spiele gegen die großen Rivalen

ST. PAULI
1910
HH ST 1910
ASTRA

Der Totenkopf ist das vorherrschende Motiv in der Fankurve des FC St. Pauli.

Der Mann mit dem Totenkopf

Das Symbol, an das die meisten Menschen beim Stichwort FC St. Pauli denken, hat mit dem Verein eigentlich nichts zu tun: der Totenkopf. Der Schädel mit zwei gekreuzten Knochen auf schwarzem Untergrund war im 18. Jahrhundert auf den Uniformen von Soldaten verschiedener europäischer Armeen zu finden. Außerdem beflaggten damals auch Piraten ihre Schiffe mit dem Totenkopf. Am Millerntor wurde das Totenkopf-Symbol dank eines Fans populär. Der Mann trägt den Spitznamen Mabuse, seinen richtigen Namen nennt er nur ungern. Ende der 1970er Jahre wurde er in der Hamburger Punk-Szene bekannt, weil er in der Band Punkenstein mitspielte. Der Name Mabuse stammt übrigens von einer Romanfigur. Der Superverbrecher war auch in verschiedenen deutschen Filmen zu sehen, zum Beispiel in *Das Testament des Dr. Mabuse*.

In den 1980er Jahren lebte Mabuse in der Hafenstraße im Stadtteil St. Pauli. Ab 1981 hatten dort überwiegend

Fan-Fakten
Der FC St. Pauli hat 440 eingetragene Fanklubs. Ins Millerntor-Stadion kamen in der Saison 2013/14 im Schnitt 28.369 Fans. Damit lag der FC in der Zuschauertabelle der 2. Liga auf Rang vier. Die Zahl der Mitglieder hat sich zwischen 2007 und 2014 auf fast 21.000 verdreifacht. Nur ein Zweitligist hat mehr Mitglieder (Fortuna Düsseldorf). Die Mitgliedschaft bei St. Pauli kostet für Kinder und Jugendliche fünf Euro pro Monat.

„Kein Mensch pfeift"

Der FC St. Pauli ist berühmt für seine tollen Fans. Ab Ende der 1980er Jahre kamen immer mehr Zuschauer ins Millerntor-Stadion, die eine andere Einstellung zum Fußball hatten, als man das von Fans gewohnt war. Der Mittelfeldspieler Peter Knäbel, der 1988 aus Bochum gekommen war, wunderte sich damals: „Du spielst einen Fehlpass, und kein Mensch pfeift." Daran hat sich bis heute kaum etwas geändert. Es kommt selten vor, dass die Zuschauer pfeifen, wenn sie mit der eigenen Mannschaft unzufrieden sind. Tun sie es doch, regt sich im Internet heute immer sehr schnell großer Protest.

Mabuse, der den Totenkopf bei St. Pauli einführte, war Mitglied der Band Punkenstein.

Der Totenkopf findet sich bei St. Pauli nicht nur auf der Kapitänsbinde, sondern auch auf Christbaumkugeln, der Eckfahne, dem Mannschaftsbus …

junge Menschen mehrere leerstehende Häuser besetzt – aus Protest gegen die Wohnungspolitik der Stadt Hamburg. Eines Tages fiel Mabuse nach einem St.-Pauli-Spiel eine Totenkopf-Flagge an einem Stand auf dem Dom auf. Er dachte an die Piraten und fand, dass das Symbol gut zu St. Pauli passt. Also kaufte er dem Domhändler das Ding ab und tackerte es zu Hause an einen Besenstiel. Viele machten es ihm nach. Heute ist der Totenkopf praktisch St. Paulis zweites Vereinswappen. Zunächst zierte er nur Kleidungsstücke wie Kapuzenpullover und T-Shirts. Inzwischen findet man ihn auf Gegenständen aller Art: auf Schnullern, Brotdosen oder Mousepads. Und noch was hat sich geändert: Mabuse geht nicht mehr ans Millerntor, sondern zu Altona 93 in der 5. Liga. Geld hat er für seine Idee übrigens nie gesehen.

DIE FANS

Fans und Spieler gegen rechts

Oktober 2007: Auch der damalige St.-Pauli-Trainer André Trulsen zeigt Rassismus die Rote Karte.

Die neuen Fans, die der Verein in den späten 1980er Jahren anlockte, fielen nicht nur dadurch auf, dass sie ihr Team in jeder Situation unterstützten. Sie zeichneten sich vor allem dadurch aus, dass sie gegen den Rassismus kämpften, der in den Stadien damals ein großes Problem war. 1988 verteilte eine Gruppe von Fans bei einem Heimspiel einen offenen Brief, der sich an Fans, Vereine und Verbände richtete. „Rassistische Parolen, Fahnen und Transparente“ hätten zugenommen, warnten die Briefschreiber.

Es kam damals in den Stadien ziemlich häufig vor, dass Zuschauer Affenlaute von sich gaben, wenn ein afrikanischer Spieler am Ball war. Daher forderten die St.-Pauli-Fans die Empfänger des Briefs auf, „etwas gegen diese Entwicklung zu unternehmen“. Bemerkenswert war, dass Spielmacher Peter Knäbel und Torwart Volker Ippig an dem Text mitgearbeitet hatten. Außerdem unterschrieben sämtliche Profis den Brief.

Heute dreht der europäische Fußballverband UEFA Videos gegen Rassismus und lässt darin Weltstars mitwirken. Auch der Weltfußballverband FIFA und der Deutsche Fußball-Bund haben sich Kampagnen wie „Say no to racism“ oder „Zeig' Rassismus die Rote Karte“ ausgedacht. Solche Aktionen wären 1988 so wahrscheinlich gewesen wie dass heute St. Pauli fünfmal hintereinander die Champions League gewinnt.

Die Arbeit des Fanladens

Im Februar 1990 eröffnete der Fanladen des FC St. Pauli, der heute in der Gegengeraden untergebracht ist. Damals befand er sich noch ein paar Minuten vom Stadion entfernt. So etwas hatte es bis dahin nicht gegeben: einen

Übersteiger und Co.
Was heute St.-Pauli-Blogs sind, waren früher die Fanzines. So nennt man Magazine, die von Fans ohne jede Unterstützung von Verlagen gemacht werden und in kleiner Auflage erscheinen. Die Blütezeit dieser Blätter waren die 1990er Jahre. Allerdings existieren noch ein paar St.-Pauli-Fanzines, allen voran der *Übersteiger*. Den gibt es bereits seit 1993. Das Fanzine der Ultragruppe USP heißt *Basch*.

Was lohnt sich immer? Ein Besuch im Fanladen des FC St. Pauli.

VERLAG DIE WERKSTATT
DER TRIUMPH VON RIO
BRASILIEN 2014 DIE FUSSBALL-WELTMEISTERSCHAFT
Dirk Rasch
RETTET DEN FUSSBALL!
WERNER HANSCH
Schalke Album
Unvergessliche Sprüche, Fotos, Anekdoten
FUSSBALL WELTMEISTERSCHAFT
sport
bücher
die Nr. 1 am Ball · www.werkstatt-verlag.de

KINDER- UND JUGENDBÜCHER

Bücher für Fußball-Kids

René Martens
Das große St.-Pauli-Buch
96 S., A4, gebunden,
durchgehend farbig gestaltet
ISBN 978-3-7307-0134-8
€ 16,90
Erscheint im Okt. 2014

Alles, was junge Paulianer über ihren Verein wissen wollen.

Christoph Bausenwein
Das große Buch vom 1. FC Kaiserslautern
96 S., A4, gebunden, farbig
ISBN 978-3-7307-0133-1
€ 16,90
Erscheint im Okt. 2014

Alles, was junge Kaiserslautern-Fans über ihren Verein wissen wollen.

Christoph Bausenwein
Das große Buch vom BVB
Für Kids ab 10 Jahren
96 S., A4, gebunden, farbig
ISBN 978-3-89533-809-0
€ 16,90
Aktualisierte Neuauflage

Alles, was junge BVB-Fans über ihren Verein wissen wollen.

Christoph Bausenwein
Das große Bayern-Buch
110 S., A4, gebunden,
durchgehend farbig gestaltet
ISBN 978-3-89533-717-8
€ 16,90
Aktualisierte Neuauflage

Alles zum Lieblingsverein für junge Bayern-Fans ab 10 Jahren

Hardy Grüne
Das große Buch von Hannover 96
Für Kids ab 10 Jahren
96 S., A4, gebunden, farbig
ISBN 978-3-7307-0033-4
€ 16,90

Alles, was junge 96er über ihren Verein wissen wollen.

Christoph Bausenwein
Das große Buch der Fohlenelf
Alles über Borussia Mönchengladbach
Für Kids ab 10 Jahren
96 S., A4, gebunden, farbig
ISBN 978-3-89533-900-4
€ 16,90

Christoph Bausenwein
Das große Schalke-Buch
Für Kids ab 10 Jahren
96 S., A4, gebunden, farbig
ISBN 978-3-7307-0031-0
€ 16,90

Alles, was junge Schalke-Fans über ihren Verein wissen wollen.

Christoph Bausenwein
Das große Werder-Buch
Für Kids ab 10 Jahren
96 S., A4, gebunden, farbig
ISBN 978-3-89533-933-2
€ 16,90

Alles, was junge Werder-Fans über ihren Verein wissen wollen.

Christoph Bausenwein
Das große Buch vom Frauenfußball
Für Kids ab 10 Jahren
96 S., A4, gebunden, farbig
ISBN 978-3-7307-0005-1
€ 16,90

Alles, was junge Leser über den Frauenfußball wissen wollen.

Christoph Bausenwein
Das große Buch der Nationalmannschaft
Für Kids ab 10 Jahren
96 S., A4, gebunden, farbig
ISBN 978-3-7307-0006-8
€ 16,90

Alles über die Nationalmannschaft für junge Leser.

Christoph Bausenwein
Das große Buch des HSV
Für Kids ab 10 Jahren
96 S., A4, gebunden, farbig
ISBN 978-3-89533-817-5
€ 16,90

Alles, was junge HSV-Fans über ihren Verein wissen wollen.

Christoph Bausenwein
Das große Buch vom Club
Für Kids ab 10 Jahren
96 S., A4, gebunden, farbig
ISBN 978-3-7307-0032-7
€ 16,90

Alles, was junge Cluberer über ihren Verein wissen wollen.

Die „Ragazzi", die U18-Fans von St. Pauli. Für sie organisiert der Fanladen u. a. Auswärtsfahrten – taschengeldfreundlich sowie alkohol- und nikotinfrei.

Das Fanladen-Team 2014: Obere Reihe von links: Stefan Schatz, Aleen Solari, Elin Wagner, Carsten Kupisch. Untere Reihe von links: Justus Peltzer, Sven Langner, Juliane Kliefoth, Kolja Glatthor.

Treffpunkt für Fans, der unter der Woche regelmäßig geöffnet hat. 1990 wurde auch jenes Motiv erfunden, das fast so bekannt ist wie der Totenkopf: eine Faust, die ein Hakenkreuz, das bekannteste Symbol der Nazis, zerstört, darunter der Schriftzug „St. Pauli gegen Rechts". Der Fanladen verkaufte Aufkleber und Aufnäher mit diesem Motiv.

Der Fanladen kümmert sich aber nicht nur um die Supporter, die die Mannschaft im Stadion nach vorn brüllen. So betreut er seit 2002 das Projekt „KiezKick – Fußball der Kulturen". Dahinter verbirgt sich ein kostenloses Training für junge Fußballer, das einmal wöchentlich im Stadtteil St. Pauli stattfindet. Das Angebot richtet sich an einkommensschwache Familien. Mitmachen kann jeder.

Großer St.-Pauli-Fan: Bela B. von den Ärzten.

Der ehemalige FC-Torwart Benedikt Pliquett beim KiezKick-Training. Bei diesem kostenlosen Training kann jeder mitmachen.

Prominente Fans

Der bekannteste St.-Pauli-Fan ist eine Filmfigur: In den Krimis der TV-Reihe *Tatort*, die in Münster spielen, läuft Kommissar Frank Thiel regelmäßig in St.-Pauli-Klamotten rum. Den *Tatort* aus Münster gibt es seit 2002. Der Thiel-Darsteller Axel Prahl ist auch im richtigen Leben St.-Pauli-Fan. Weitere sehr bekannte Anhänger des Klubs sind die Musiker Bela B. (*Die Ärzte*) und Thees Uhlmann.

Die vorbildliche Stadionordnung

Ein historisches Spiel fand am 3. November 1991 statt. Die Zweitligapartie gegen den heute vergessenen FC Remscheid war die erste, bei der eine neue, antirassistische Stadionordnung galt. Seitdem bekommt Hausverbot, wer am Millerntor rechtsradikale Parolen ruft oder mit rechtsradikalen Fahnen ins Stadion kommt. Vor dem Spiel trug der damalige FC-Geschäftsführer Manfred Campe gemeinsam mit deutschen und türkischen Fans ein Transparent mit dem Aufdruck „Keinen Fußbreit den Faschisten“ über den Platz. Wenige Tage zuvor hatte die Mitgliederversammlung des FC St. Pauli die Änderung der Stadionordnung beschlossen – auf Initiative einiger Fans. So etwas hatte bis dahin noch kein Klub in Deutschland getan. Heute gibt es bei sehr vielen Profiklubs ähnliche Regeln.

Anzeige der AFM, der „Abteilung fördernder Mitglieder“.

Fans als Mitglieder

Im Laufe der 1990er Jahre wollten immer mehr Fans die Vereinspolitik aktiv mitgestalten. Dafür musste man Mitglied im Verein werden – logisch. Ende 1996, Anfang 1997 entstand die „Arbeitsgemeinschaft interessierter MitgliederInnen“. Einige dieser Fans wurden später FC-Aufsichtsrat. 1999 formierte sich die sogenannte „Abteilung fördernder Mitglieder“ (AFM): Sie wurde für Fans gegründet, die im Verein keinen Sport treiben, aber trotzdem eintreten wollen. Die Mitgliedsbeiträge der AFM-Mitglieder kommen der Jugendarbeit des FC St. Pauli zugute. So sind mehrere hunderttausend Euro in das Nachwuchsleistungszentrum des Vereins geflossen.

Gute Freunde

Eine enge Beziehung haben die Fans des FC St. Pauli zu den Anhängern des 45-maligen schottischen Meisters Celtic Glasgow. Einmal pro Jahr findet im Musikklub Knust, der in der Nähe des Millerntor-Stadions liegt, eine Celtic-Party statt. Zahlreiche Schotten kommen dann nach Hamburg. Freundschaften bestehen auch zu den Fans von Hapoel Tel Aviv und Babelsberg 03.

Die Retter-Kampagne

Dass die eigenen Anhänger lebenswichtig sind für den Klub, zeigte sich im Jahr 2003. Nach 17 Jahren stieg der Klub in die 3. Liga ab. Dort hatte man zuletzt 1986 gespielt. Das war schon schlimm genug, doch dummerweise musste der FC unbedingt noch rund 2 Mio. Euro auftreiben, um überhaupt in der 3. Liga spielen zu dürfen. Ansonsten hätte der DFB die Lizenz nicht erteilt. Vor allem durch den Verkauf von 100.000 sogenannten Retter-T-Shirts kam das notwendige Geld aber zusammen.

Ohne die Hilfe der Fans hätte man die zahlreichen Spenden- und Verkaufsaktionen nicht organisieren können. „Viele Fans haben dafür ihren Jahresurlaub geopfert“, sagt Roger Hasenbein, damals Vorsitzender des Fanclub-Sprecherrats und heute Mitglied des Aufsichtsrats. Dass sich der FC St. Pauli auf seine Anhänger verlassen konnte, zeigte sich auch beim Verkauf der Dauerkarten. Zu Beginn der Punktspielrunde 2003/04 hatte der Klub 11.700 Saisontickets verkauft – mehr als fünf Erstligisten und sämtliche Zweitligisten.

Da freut sich Moderator und St.-Pauli-Fan Elton: Auch der Verkauf von Retter-T-Shirts trug dazu bei, dass dem FC St. Pauli 2003 doch nicht die Lizenz entzogen wurde.

Die ehrenamtlichen Retterinnen und Retter des FC St. Pauli auf ihrer Ehrenrunde.

Auswärts oft lauter als die Heimfans: die Ultras von St. Pauli, hier in Oberhausen im Februar 2009.

Die Ultras

Die auffälligste Fangruppe ist heute Ultrà St. Pauli (USP), die sich 2002 gründete. Im Stadion steht sie in der Südkurve, wo sie immer wieder mit neuen ideenreichen, oft auch witzigen Transparenten überrascht. Wie bei den Fan-Veteranen der 1980er Jahre spielt auch bei den Ultras Antirassismus eine wichtige Rolle. Die USP-Arbeitsgruppe Antirazzista kümmert sich zum Beispiel um Asylsuchende, die im Abschiebelager Horst (Mecklenburg-Vorpommern) unter unwürdigen Bedingungen untergebracht sind. Die Ultras sorgen seit vielen Jahren dafür, dass Flüchtlinge aus dem Lager Spiele am Millerntor besuchen können. Außerdem rufen sie St.-Pauli-Fans regelmäßig dazu auf, Kleidung für die Menschen im Lager zu spenden. Für die soziale Haltung der St.-Pauli-Anhänger gibt es viele Beispiele. So organisierten im Herbst 2013 mehrere Gruppen aus der Fanszene eine Demonstration zugunsten afrikanischer Flüchtlinge nach dem Zweitligaspiel gegen den SV Sandhausen. Diese Menschen, in der Stadt unter dem Namen „Lampedusa-Flüchtlinge" bekannt, hatten in der St.-Pauli-Kirche Unterschlupf gefunden.

Immer wieder sorgen die Ultras für kreative Choreografien.

Herbst 2013: St.-Pauli-Fans demonstrieren gegen die Abschiebung afrikanischer Flüchtlinge.

Fans im Ausland

Das soziale Engagement hat dem FC St. Pauli auch international viele Sympathien eingebracht. Insgesamt gibt es unter den rund 500 registrierten Fanklubs 24 im Ausland, darunter in Brasilien und Kambodscha. Ein bisschen verrückt ist es auch, dass man in einer Kneipe in London St.-Pauli-Spiele sehen kann. Schließlich spielen zehn Vereine aus der englischen Hauptstadt in der Premier League oder der zweiten englischen Liga.

Dass erfolgreiche Klubs überall Anhänger haben, ist normal. Der FC Bayern München hat zum Beispiel ein Büro in China, um seine Fans vor Ort besser erreichen zu können. Und Manchester United betreibt einen Fanshop in Indien. Aber dass ein Zweitligist aus Deutschland, der nie einen Titel geholt hat, international so populär ist, ist außergewöhnlich.

Fanlieder und ihre Wurzeln

Wo kommen eigentlich die Songs her, die die St.-Pauli-Fans im Stadion singen? Das berühmteste Millerntor-Lied ist „You'll Never Walk Alone". Das Original war das erste Mal 1945 in dem Musical *Carousel* zu hören. In den 1960er Jahren wurde das Lied erstmals in einem Fußballstadion gesungen – von den Fans des englischen Vereins FC Liverpool. Seitdem übernahmen viele andere Fans diesen Song – darunter auch die des FC St. Pauli.

Das Vorbild für „We love you / We love you / And where you play, we follow, we follow, we follow " ist „That's The Way (I Like It)" von *KC & The Sunshine Band*, ein Hit von 1975. Die Melodie von „S-A-N-K-T-P-A-U-L-I, forza FC St. Pauli" haben die *Beatles* komponiert („Ob-La-Di, Ob-La-Da", 1968).

Logo eines St.-Pauli-Fanklubs aus Athen in Griechenland.

Hier könnt ihr helfen

Für Fans, die soziale Projekte unterstützen wollen, gibt es die KIEZHELDEN. So heißt eine Internet-Plattform, die der FC St. Pauli im Sommer 2013 gegründet hat. Hier können sich gemeinnützige Projekte präsentieren und um Hilfe werben. Mit KIEZHELDEN-Spenden sind bisher unter anderem Schulbücher für Kinder in Momella (Tansania) und ein Trinkwasserprojekt der Hamburger Organisation „Viva con Agua" in Äthiopien finanziert worden. Bis zum Ende der Saison 2013/14 sammelten die KIEZHELDEN 38.000 Euro. Mehr Infos gibt es hier: www.kiezhelden.com.

Mittendrin statt nur dabei: St.-Pauli-Willi.

Tabledance mal anders: Willi in der alten Vereinsgaststätte.

Ein legendärer Typ

„Williiiii!" – diesen langgezogenen Ruf konnte man viele Jahre lang bei jedem Spiel auf den Rängen des Millerntor-Stadions hören. Dabei gab es beim FC St. Pauli gar keinen Spieler, der mit Vornamen Willi hieß. Die Fans feierten einen aus ihren eigenen Reihen. Sein Spitzname: St.-Pauli-Willi. Bürgerlich hieß er Willi Bruhnsen, aber das wusste kaum jemand. Von anderen Fans unterschied er sich durch seine Klamotten. Willi trug auf den Rängen immer Spielerkleidung: ein St.-Pauli-Trikot, eine kurze Hose, Stutzen, Fußballschuhe. Ob es warm war oder kalt, war ihm ganz egal. Jacken? Mäntel? Möglicherweise besaß er welche. Im Stadion trug er sie jedenfalls nie.

Von den 1960er Jahren bis zu Beginn der 1980er war das Millerntor selten einmal halbwegs voll. Zu der Zeit war das Stadion für St.-Pauli-Willi eine ideale Bühne. Man traf ihn entweder in der Nord- oder in der Südkurve – je nachdem, auf welches Tor St. Pauli gerade spielte. Er war immer in Bewegung, machte Lärm mit einer Tröte und wirkte ein bisschen wie ein großes Kind. Bei Eckbällen lief Willi am unteren Rand der Stehplätze in Richtung Eckfahne, wo er dem St.-Pauli-Spieler, der die Ecke trat, etwas zurief. Immer dann, wenn er Richtung Eckfahne rannte, erklang dieser Ruf: „Williiiii!"

Nachdem St. Pauli 1988 zum zweiten Mal in die Bundesliga aufgestiegen war, wurde der Zuschauerandrang größer. In der Masse fiel Willi weniger auf. Außerdem änderte sich im Stadion etwas Entscheidendes: Ein Teil der damaligen Südkurve war nun fest für Gästefans vorgesehen. Deshalb konnte man nicht mehr während des Spiels von der Nord- in die Südkurve wechseln. Das hatten viele St.-Pauli-Fans gern getan, nicht nur Willi.

Stilvoll: Willis Grabstein.

Zu Tränen gerührt: Tattoo-Theo bei der Aufstiegsfeier 2001.

Noch ein **Original**: Tattoo-Theo

Ungefähr gleich alt wie St.-Pauli-Willi (1931–2002) war Theodor Hubert Hans Vetter (1932–2004). Die Fans am Millerntor kannten ihn als Tattoo-Theo. Diesen Namen verdankte der Mann seinem mit Tätowierungen übersäten Körper. Tattoo-Theo wusste, dass sein Körperschmuck etwas Besonderes war. Er ließ sich gern fotografieren und filmen. Seine Lebensgeschichte erschien sogar als Buch. Es heißt *Tattoo-Theo: Der Tätowierte vom Kiez*.

1989 sorgte Theo für Schlagzeilen, als er dem damaligen FC-Bayern-Manager Uli Hoeneß was ganz Besonderes schenken wollte. Nach einem Spiel am Millerntor hatte der Münchener über den Rasen in Hamburg geschimpft: Das sei ein „Rübenacker". Da fühlte sich Tattoo-Theo in seiner „Ehre als Fan und Hamburger verletzt", wie er später erzählte. Also nahm er zum Rückspiel in München zehn Kisten mit Rüben mit, um sie Hoeneß zu überreichen. Die Ordner im Stadion verhinderten das aber.

Tattoo-Theo präsentierte seinen Körper gern. Zu seiner Zeit waren Tätowierungen noch etwas ganz Besonderes.

DAS STADION

Die Vorgeschichte

Wenn St.-Pauli-Fans über das Millerntor-Stadion reden, weiß man nicht immer genau, welches Stadion sie eigentlich meinen. 2006 sah das Stadion noch völlig anders aus als heute, ein großer Teil war nicht überdacht. Und wenn man mit einem ehemaligen St.-Pauli-Spieler spricht, der um die 70 Jahre alt ist, meint er vielleicht einen ganz anderen Platz – nämlich das erste Millerntor-Stadion. Das wurde 1961 abgerissen.

Die ersten Plätze, auf denen der FC St. Pauli spielte, hatten mit einem Stadion noch nichts zu tun. Es war schon ein großer Schritt, dass die Mitglieder 1924 den ersten Rasenplatz errichteten. Stehränge gab es aber noch nicht. Das änderte sich 1933, als der Bau des ersten St.-Pauli-Platzes begann, der einem Stadion ähnelte. Ungefähr 4.000 Zuschauer fanden hier Platz.

In den ersten Jahrzehnten der Vereinsgeschichte war es ein großes Problem, dass St. Pauli seine Heimspiele oft nicht auf seinem eigenen Platz

Selbsthilfe: Beim Bau des neues Stadions griffen 1946 zahlreiche FC-Mitglieder zur Schaufel.

Blick auf das alte Millerntor-Stadion. Oben links ist der Michel zu sehen.

Das wahre Millerntor
Ursprünglich war das Millerntor ein Durchgangstor in einer Stadtmauer, die St. Pauli und Hamburg voneinander trennte. Somit erinnert der Name des FC-Stadions an diese jahrhundertelange Trennung. Zu Hamburg gehört St. Pauli erst seit 1894. Das letzte Überbleibsel des wahren Millerntors ist ein 1819 erbautes Wachhäuschen. Es steht in einem Park in der Nähe des Stadions.

Das Millerntor um 1600.

Szene nach dem Aufstiegsspiel TSG Bergedorf – Vorwärts Billstedt (1971): Der Autor dieses Buchs (mit kurzer Hose) stürmt den Rasen.

Spiele ohne St. Pauli

Die erste Partie, die der Autor dieses Buchs am Millerntor gesehen hat, war 1971 ein Entscheidungsspiel: Vorwärts Billstedt und die TSG Bergedorf kämpften um den Aufstieg in die höchste Hamburger Liga. Spiele ohne St.-Pauli-Beteiligung gab es am Millerntor nicht selten. Zum Beispiel 1959, als der brasilianische Weltstar Pelé zu Gast war: Mit dem FC Santos spielte er gegen eine Auswahl, die aus Kickern von Altona 93, Concordia und Bergedorf 85 bestand.

auf dem Heiligengeistfeld austragen konnte. Wenn dort der Hamburger Dom oder andere große Veranstaltungen stattfanden, mussten die Braun-Weißen ausweichen, zum Beispiel nach Eimsbüttel. Am schlimmsten war es 1935, als der Platz nach einer landwirtschaftlichen Ausstellung völlig verwüstet war. In den letzten Monaten des Zweiten Weltkrieges wurde der Platz schließlich vollkommen zerstört.

Sieht gar nicht nach einem Freundschaftsspiel aus: Kampf um den Ball beim Eröffnungsmatch des Millerntor-Stadions zwischen St. Pauli und CDNA Sofia.

Das kurze Leben des ersten Stadions

Nach Kriegsende mussten die Braun-Weißen erst einmal für längere Zeit auf „richtige" Heimspiele verzichten. Als Ersatz-Heimat diente meistens das Stadion am Rothenbaum, wo damals der HSV zu Hause war. Dieses Stadion gibt es mittlerweile nicht mehr. Das erste „richtige" Stadion am Millerntor entstand ab 1945. Es lag in der südöstlichen Ecke des Heiligengeistfeldes: an der Glacischaussee, gegenüber der alten Feuerwache. Dort befindet sich heute der Dom- und Stadionausgang der U-Bahnstation St. Pauli. Dort hatte sich einst auch der erste Fußballplatz des Vereins befunden.

Einige Hamburger Politiker waren der Meinung, dass das Stadion an dieser Stelle das Stadtbild verschandelte. Es kam also nicht überraschend, dass die Spielstätte im Frühjahr 1961 abgerissen werden musste – nach einer Lebenszeit von nicht einmal 15 Jahren. Das Gelände war für die Internationale Gartenbauausstellung im Jahre 1963 vorgesehen. Mit einem Saisonvorbereitungsspiel gegen Rot-Weiß Oberhausen endete am 22. Juli 1961 die Geschichte dieses ersten Millerntor-Stadions. Rund eine Woche später wurde nebenan das Stadion am heutigen Standort eingeweiht. Zur Eröffnung kam der bulgarische Spitzenklub CDNA Sofia, der heute als ZSKA bekannt ist, und gewann 7:4.

DAS STADION

Protest gegen den „Sport Dome“

In den 1960er Jahren war das Millerntor-Stadion durchaus modern, verglichen mit den Plätzen anderer Klubs in der Regionalliga Nord. Ab den frühen 1980er Jahren wurde dann aber rund 25 Jahre lang über immer wieder neue Neubaupläne diskutiert. Meistens war das Architekturbüro des langjährigen Präsidenten Heinz Weisener beteiligt. Mal war ein „Sport- und Freizeitzentrum“ geplant, zu dem auch Wohnungen gehören sollten, mal ein gigantischer „Sport Dome“ mit Mehrzweckhalle und Hotel. Gegen dieses Projekt protestierten 1989 viele Fans. Sie fanden, so ein Bauwerk passe weder zum Verein noch in den Stadtteil. Der Protest hatte Erfolg.

Die legendäre Gegengerade

Fast jedes berühmte Stadion hat eine Tribüne oder eine Kurve, für die es besonders bekannt ist: In Dortmund ist es die Südtribüne, in Liverpool The Kop. Und am Millerntor ist es die Gegengerade. Hier hat die einzigartige Atmosphäre, für die das Stadion seit den 1980er Jahren bekannt ist, ihren Ursprung. An dieser Stelle gab es 1988 eine große Veränderung. Nach dem Aufstieg in die Bundesliga errichtete man hinter der Gegengeraden eine überdachte Sitztribüne. Das Fassungsvermögen des Stadions stieg damit von 18.500 auf 20.700 Zuschauer. Aus heutiger Sicht ist die Geschichte dieser Tribüne kurios. Sie war nur als Übergangslösung vorgesehen: Man ging davon aus, dass bald ein neues Stadion entstehen würde. Das als Provisorium gedachte Bauwerk überlebte dann aber immerhin bis zum Sommer 2012.

Beschaulich: das Millerntor-Stadion 1989.

Tolle Stimmung in der legendären Gegengeraden.

2012 hieß es Abschied nehmen von der alten Gegengeraden.

Dabei wirkte die Gegentribüne von Anfang an altertümlich. Der St.-Pauli-Fan Hermann Schmidt schreibt in dem Buch *Zauber am Millerntor* über sein erstes Spiel im Stadion, das er im Frühjahr 1991 auf dieser Sitztribüne erlebte: „Die Fans trampelten wie verrückt mit beiden Füßen auf die Holzbohlen unterhalb ihrer Sitze. Ich dachte, das Stadion müsste jeden Moment einstürzen. Beim Verlassen des Stadions betrachtete ich mir die verrostete Stahlkonstruktion, auf der die Holzbohlen befestigt waren. Es schien mir wie ein Wunder, dass das Stadion dieses wilde Schauspiel unbeschadet überstanden hatte." Auch an anderen Stellen wirkte das Stadion baufällig, und die jährlichen Renovierungskosten bereiteten dem Verein Sorgen. Mindestens ebenso problematisch: der geringe Anteil an Sitzplätzen. Denn je mehr Sitzplatzkarten man verkaufen kann, desto höher sind die Einnahmen. Andererseits lockte der Charme des Alten viele Fans an. Das Stadion war unverwechselbar.

Im Juli 2006 konnte der Verein dann endlich verkünden, dass es losgeht mit dem Neubau. Das war nicht zuletzt Präsident Corny Littmann zu verdanken, der gute Kontakte zu Hamburger Politikern hatte. Der Abschied vom „alten" Stadion begann am 8. Dezember 2006 mit einem Drittliga-Spiel gegen den Wuppertaler SV (Endstand: 1:1). Es war die letzte Partie vor dem Abriss der Südkurve. Viele Fans standen noch lange nach Spielschluss im Stadion und sangen Lieder, die sie in ihrer Zeit am Millerntor liebgewonnen hatten.

Und es wurde Licht! Kazuo Ozaki, Peter Knäbel, Klaus Ottens und der frühere Trainer Helmut Schulte freuen sich.

Die lange Flutlicht-Geschichte

1960 plante der Hamburger Senat eine Flutlichtanlage im St.-Pauli-Stadion, die auch andere Vereine für Abendspiele nutzen sollten. Aus der Idee wurde aber nichts. Erst am 7. April 1989 wurde mit einem 2:0-Sieg gegen Bayer Leverkusen eine Flutlichtanlage am Millerntor eingeweiht – also kurz vor dem Fall der Berliner Mauer. Die war zum Zeitpunkt der ersten Flutlichtpläne noch nicht einmal gebaut.

DAS STADION

Das neue Stadion

Die Geschichte des Stadions, wie wir es heute kennen, beginnt im Winter 2007/08. Damals konnten Zuschauer erstmals die heutige Südkurve betreten. Außerdem wurde hinter der Nordkurve eine überdachte Sitztribüne aufgebaut. Diese ist, ähnlich wie die frühere Gegentribüne, nur als Zwischenlösung gedacht. Spätestens nach Abschluss der Saison 2007/08 war klar: Dank der baulichen Veränderungen ist es lauter geworden im Stadion. Zum einen machen mehr Menschen logischerweise mehr Krach, zum anderen sorgen die zusätzlichen Dächer für eine bessere Akustik. Das hörte man besonders bei zwei noch heute beliebten Wechselgesängen zwischen Südkurve und Gegengerade: bei „We love St. Pauli / Fabulous St. Pauli“ und „Aux Armes! / Nous sommes St. Pauli“. Die heutige Haupttribüne kam dann im Sommer 2010 dazu. Im selben Jahr entstand zwischen Süd- und neuer Haupttribüne das „Piratennest“, die weltweit erste Kindertagesstätte in einem Fußballstadion. Die Gegengerade wurde zu Beginn der Saison 2012/13 fertig. Für 2015 ist schließlich die Einweihung der neuen Nordkurve vorgesehen.

Kämpfe um den Stadionnamen

Dass die Spielstätte des FC St. Pauli den Namen Millerntor-Stadion trägt, ist nicht selbstverständlich. Zwischen 1970 und 1999 hieß sie Wilhelm-Koch-Stadion, benannt nach dem langjährigen Präsidenten des Klubs. 1998 beschloss die Mitgliederversammlung, sich von diesem Namen zu trennen und den vorigen wieder einzuführen. Der Grund: Koch war zwischen 1937 und 1945 Mitglied der Nazipartei NSDAP gewesen. Viele ältere Mitglieder, die Koch noch kennengelernt hatten, protestierten gegen die Umbenennung, jedoch erfolglos.

Schmuckkästchen: das Millerntor-Stadion 2014.

Im November 2007 sorgte das Thema Stadionname auf der Mitgliederversammlung wieder für Wortgefechte. Dieses Mal ging es darum, dass der Stadionname „nicht zu Zwecken der Werbung, des Sponsorings, der sonstigen Erhöhung der finanziellen Einnahmen oder als Gegenleistung für finanzielle Zuwendungen" an ein Unternehmen verkauft wird. So lautete die Forderung zweier Antragsteller. Sie wollten verhindern, dass das Millerntor-Stadion einen dieser gruseligen Namen bekommt, die im deutschen Fußball sehr verbreitet sind. Man denke nur an das RheinEnergieStadion in Köln, den Signal Iduna Park in Dortmund oder die Commerzbank-Arena in Frankfurt! Jochen Harberg, einer der Antragsteller, begründete seine Haltung so: „Wir sind der FC St. Pauli und ein auf unsere Weise unersetzlicher Verein im deutschen Fußball, eben weil wir sind, wie wir sind – nämlich nicht – mit Verlaub – bei jedem Scheiß mit dabei." Das kam gut an. Der Vorschlag bekam die Mehrheit.

Die neue Südtribüne im September 2009.

Der ehemalige FC-Spieler Marius Ebbers zu Besuch im „Piratennest", der weltweit ersten Kindertagesstätte in einem Fußballstadion. Mit dabei hatte Ebbers die Kuscheltiere, die die Fans bei seinem letzten Spiel auf den Platz geworfen hatten.

Wie viele passen rein?
Das Fassungsvermögen des Millerntors hat sich aus Sicherheitsgründen oft geändert. 23.000 Fans durften in den 1960er Jahren ins Stadion. Nach dem zweiten Bundesliga-Aufstieg 1988 war Platz für 20.700, 2006 nur noch für 19.400. Im Laufe des Stadionumbaus stieg das Fassungsvermögen auf 29.000 Zuschauer. Es gibt 12.300 Sitzplätze.

DIE GROSSEN RIVALEN

Die Bilanz der DERBYS

Der FC St. Pauli hat zwar nie einen großen Titel gewonnen. Aber einige große Siege bedeuten den Anhängern ähnlich viel wie der Gewinn einer Meisterschaft. Das gilt auf jeden Fall für die beiden Bundesliga-Siege gegen den HSV: Im September 1977, kurz nach dem ersten Aufstieg in die Bundesliga, gewann St. Pauli das Derby beim Nachbarn mit 2:0. Eine Sensation, denn viele Experten hatten auf einen hohen Sieg des HSV getippt.

Im Februar 2011, also 34 Jahre später, gelang dem FC durch ein goldenes Tor von Gerald Asamoah wieder ein Auswärtssieg im Volkspark. Viel hätte nicht gefehlt, und man hätte auch in der Hinrunde drei Punkte geholt: Erst kurz vor Schluss kassierte der FC am Millerntor das 1:1. Fabian Boll, der Schütze des FC-Treffers, sagte später: „Ich habe nie zuvor und nie mehr danach gespürt, dass ein Stadion so stark beben kann.“

Zwei Siege in 34 Jahren – so schlecht ist das gar nicht: In der Zeit von 1919 bis 1945 gewann der FC gegen den HSV dreimal. Aber in 31 Punktspielen. Zum Vergleich: In der Bundesliga haben die beiden Vereine bisher nur 16-mal gegeneinander gespielt. 1945 begann dann die Zeit, in der St. Pauli zu den deutschen Spitzenteams gehörte. In der Saison 1946/47 standen die Braun-Weißen am Ende vor dem HSV. Drei Punkte betrug der Vorsprung in der Stadtliga Hamburg. Eine überregionale Spielklasse – die Oberliga Nord – wurde erst in der Saison darauf eingeführt.

Entscheidungsspiel um die Norddeutsche Meisterschaft im Victoria-Stadion (1948): St. Paulis Karl Miller (links) begrüßt HSV-Kapitän Heinz Spundflasche.

Szene aus dem Bundesliga-Derby 1977, das St. Pauli überraschend 2:0 gewann.

1951

Ein Fan spielt mit

Der spektakulärste Sieg in den Nachkriegsjahren gelang am 1. April 1951: Mit 5:0 gewann St. Pauli das Derby am Millerntor. Während des Spiels kam es zu Tumulten, weil das Stadion überfüllt war. Zahlreiche Fans standen direkt am Spielfeldrand. Höhepunkt in all dem Chaos: Ein Zuschauer spielte aus dem Toraus einen Pass zu St. Paulis Alfred Beck, der den Ball ins Netz schoss. Später erzielte der FC-Stürmer auch noch ein reguläres Tor.

Der Sieg ist so hoch einzuschätzen, weil es ein Spitzenspiel war. Am Ende der Saison holte der HSV mit 113 Toren in 32 Spielen den Oberliga-Titel. St. Pauli wurde Vizemeister – und schaffte es damit zum letzten Mal, sich für die Endrunde um die Deutsche Meisterschaft zu qualifizieren. In den folgenden Jahren entwickelte sich der HSV zur Nummer 1 in der Stadt. Im schlimmsten Fall konnte es passieren, dass der FC 0:9 im Derby unterging. Das geschah in der zweiten Hälfte der 1950er Jahre zweimal. Allzu aufregend können die Spiele zwischen den beiden Rivalen damals nicht gewesen sein. Das letzte Derby vor Einführung der Bundesliga, das der HSV am 17. Februar 1963 mit 3:2 gewann, wollten nur 14.000 Zuschauer sehen.

Stadtmeister! Auch wenn St. Pauli 2011 wieder aus der Bundesliga abstieg: In den Spielen gegen den HSV hatte man die Nase vorn gehabt.

St.-Pauli-Torwart Benedikt Pliquett lässt seinen Emotionen nach dem Derbysieg 2011 freien Lauf.

DIE GROSSEN RIVALEN

Gegen die Superreichen

Während der HSV aus geografischen Gründen ein Rivale ist, sind St. Paulis Duelle mit dem FC Bayern aus anderen Gründen reizvoll: Der Underdog aus Hamburg trifft auf einen der reichsten und erfolgreichsten Vereine der Welt – größer können die Gegensätze zwischen zwei Klubs kaum sein. Die Bundesliga-Bilanz gegen den FC Bayern hat viel mit der gegen den HSV gemeinsam. Auch gegen die Münchener siegte St. Pauli zweimal: 1991 auswärts mit 1:0 und elf Jahre später am Millerntor mit 2:1. Wichtiger noch: In der Endabrechnung waren die Siege nutzlos. In beiden Saisons stieg St. Pauli am Ende ab – genau wie 1977/78 und 2010/11, als es außer einem legendären Derbysieg nicht viel zu feiern gab.

Überraschungssieg 1991 im Olympiastadion: Ralf Sievers freut sich über seinen Treffer zum 1:0.

Es gab aber Zeiten, in denen der FC St. Pauli und der FCB ungefähr gleich stark waren. Am 5. Juni 1949 duellierten sich die beiden Klubs im Eilenriede-Stadion in Hannover, in dem heute die Jugend-Bundesliga-Mannschaften von Hannover 96 spielen. Die Kontrahenten kämpften um den Einzug ins Viertelfinale der Deutschen Meisterschaft. Weil es nach 120 Minuten 1:1 hieß, wurde gleich am nächsten Tag ein Wiederholungsspiel fällig. Das gewannen die Hamburger mit 2:0.

Die nächste Partie zwischen den beiden Klubs fand fast genau 15 Jahre später

Bundesliga-Aufstiegsspiel 1964 zwischen St. Pauli und Bayern München: Peter Gehrke (links) im Zweikampf mit Franz Beckenbauer, der damals sein erstes Pflichtspiel für die Münchener bestritt.

statt: am 6. Juni 1964. Sie hat einen historischen Touch, weil an jenem Tag ein gewisser Franz Beckenbauer sein erstes Pflichtspiel für die Bayern bestritt. In der Aufstiegsrunde zur Bundesliga gewannen die Münchener im HSV-Stadion, in das St. Pauli ausgewichen war, mit 4:0. Beckenbauer erzielte das dritte Tor. Trotzdem stieg der FC Bayern damals nicht in die Bundesliga auf. Er wurde in seiner Aufstiegsrunden-Gruppe nur Zweiter hinter Borussia Neunkirchen.

Weltpokalsiegerbesieger: 2002 gewann St. Pauli überraschend mit 2:1 gegen die Bayern, die wenige Wochen zuvor den Weltpokal gewonnen hatten.

Turbulente **Pokalspiele**

Nur zweimal standen sich St. Pauli und der FC Bayern im DFB-Pokal gegenüber – und das innerhalb von nur fünf Monaten. Beide Male standen die Braun-Weißen ganz dicht vor einem Sieg. Das ist erstaunlich, denn die Spiele fanden 2006 statt, als St. Pauli in der 3. Liga spielte. Im Halbfinalspiel im April 2006 spielte St. Pauli die Gäste in der zweiten Halbzeit an die Wand, vergab aber zahlreiche klare Chancen. Der Endstand – 3:0 für die Bayern – spiegelte den Spielverlauf nicht wider.

In der 1. Pokalrunde der folgenden Saison tauchten die Münchener dann wieder am Millerntor auf. Dieses Mal brauchten die Gäste eine Verlängerung, um zu gewinnen (2:1). Felix Magath, damals Trainer der Bayern, hatte nach den 120 Minuten ein besonderes Lob für den Gegner übrig: „Es hat selten ein Spiel gegeben, in dem eine Mannschaft so schnell spielte wie der FC St. Pauli heute in den ersten 45 Minuten.“

Oliver Kahn vs. Fabian Boll: Im DFB-Pokalhalbfinale 2005/06 bot St. Pauli dem FC Bayern auch verbal Paroli. Trotzdem gab es am Ende eine 0:3-Niederlage.

REKORDE & SUPERLATIVE

Die höchsten Punktspielsiege
FC St. Pauli – Viktoria Wilhelmsburg 11:1, 1945/46, Stadtliga Hamburg (1. Liga)
Hannover 96 – FC St. Pauli 0:10, 1947/48, Oberliga Nord (1. Liga)
FC St. Pauli – HEBC Hamburg 10:1, 1943/44, Gauliga Hamburg (1. Liga)
FC St. Pauli – TuS Hamburg 9:0, 1946/47, Stadtliga Hamburg (1. Liga)
FC St. Pauli – VfL Osnabrück 9:0, 1965/66, Regionalliga Nord (2. Liga)
FC St. Pauli – VfL Wolfsburg 10:2, 1974/75, 2. Liga Nord

Die höchsten Niederlagen in der Bundesliga
Fortuna Düsseldorf – FC St. Pauli 7:0, 1989/1990
FC St. Pauli – FC Bayern 1:8, 2010/2011

Ewige Tabelle der Oberliga Nord (höchste Spielklasse 1947–1963)
1. HSV 466 Spiele / 693:233 Punkte/ 1.448:619 Tore
3. FC St. Pauli 466 Spiele / 550:382 Punkte / 911:693 Tore

Ewige Tabelle der Regionalliga Nord (2. Liga 1963–1974)
1. FC St. Pauli 364 Spiele / 511:217 Punkte / 847:412 Tore

Ewige Tabelle der 2. Liga (seit 1974)
1. Alemannia Aachen 1.020 Spiele / 1.481 Punkte / 1.491:1.407 Tore
6. FC St. Pauli 790 Spiele / 1.193 Punkte / 1.205:1.039 Tore

Ewige Tabelle der Bundesliga (seit 1963)
1. FC Bayern 1.670 Spiele / 3.276 Punkte / 3.604:1.884 Tore
31. FC St. Pauli 272 Spiele / 254 Punkte / 296:485 Tore

Die höchste Bundesliga-Heimspielniederlage gab es am 7. Mai 2011 gegen die Bayern: 1:8 lautete das Endergebnis.

Die meisten Spiele in der Oberliga Nord
Harald Stender 336
Harry Wunstorf 258
Alfred Brüggen 253
Otmar Sommerfeld 227
Jupp Famula 219

Harald Stender ist der Rekordspieler des FC St. Pauli. Kein Wunder also, dass man den Platz vor der Millerntor-Südkurve nach ihm benannte.

Die meisten Tore in der Oberliga Nord
Peter Osterhoff 186
Horst Haecks 174
Fred Boller 71
Alfred Beck 45
Emil Schildt 39
Hans Sump 39

Die meisten Spiele in der Bundesliga
André Trulsen 177
Jürgen Gronau 117
Klaus Thomforde 100
André Golke 98
Jan Kocian 90
Holger Stanislawski 80
Dirk Zander 80
Peter Knäbel 68
Klaus Ottens 67
Waldemar Steubing 66

Strammer Schuss: Peter Osterhoff schoss die meisten Tore für St. Pauli in der Oberliga Nord.

Die meisten Tore in der Bundesliga
André Golke 25
Dirk Zander 20
Franz Gerber 16
Jens Scharping 12
Jürgen Gronau 11
Martin Driller 10
Thomas Meggle 10
Klaus Ottens 8
Nico Patschinski 8
Carsten Pröpper 8

Hoch soll er leben: André Trulsen absolvierte die meisten Bundesliga-Spiele für den FC St. Pauli.

Schon wieder getroffen: St. Paulis Bundesliga-Rekordtorschütze André Golke.

JUNIOREN

Informiert über die Nachwuchsarbeit von St. Pauli: die Zeitschrift Young Rebels, *die einmal im Jahr erscheint.*

Die Erfolge der „Young Rebels“

Christian Rahn, Ivan Klasnic und Zlatan Bajramovic haben viel gemeinsam. Sie brachten es in ihren Karrieren bis zum Nationalspieler: für Deutschland, Kroatien und Bosnien-Herzegowina. Ihren ersten sportlichen Höhepunkt erlebten die drei Spieler 1998. Damals erreichten sie mit der A-Jugend des FC St. Pauli das Halbfinale der Deutschen Meisterschaft. Trainer dieser Erfolgself war Joachim Philipkowski. Philipkowski, der schon als Spieler am Millerntor aktiv gewesen war, trainiert auch heute das älteste Jugendteam des Klubs, die U19. In der Saison 2013/14 landete sie in der A-Junioren-Bundesliga vor dem HSV. Die Saison 2013/14 war für die Nachwuchsabteilung des FC St. Pauli sowieso besonders erfolgreich: Die U19, die U14, die U12 und die U11 wurden jeweils Hamburger Pokalsieger.

Zu den Attraktionen des braun-weißen Nachwuchskonzepts gehört das Jugendtalenthaus im Stadtteil Schnelsen. Hier können maximal fünf Jugendfußballer wohnen, die von außerhalb Hamburgs zum FC St. Pauli wechseln. Wichtige Informationen zur Nachwuchsarbeit liefert die Zeitschrift *Young Rebels*. Sie erscheint einmal pro Jahr.

Christopher Buchtmann im Finale der U17-Europameisterschaft im Mai 2009. Der Sieg gegen die Niederlande ist das große Highlight seiner Juniorenzeit.

St.-Pauli-Stars

über ihr erstes großes Erlebnis als Jugendspieler

Der spätere Nationalspieler Christian Rahn 1998 in der A-Jugend des FC St. Pauli.

„ALS F-JUGENDLICHER HABE ICH MIT MEINEM DAMALIGEN KIELER VEREIN TSV RUSSEE DAS FINALE DER KREISMEISTERSCHAFT ERREICHT UND AM ENDE AUCH GEWONNEN. WIR DURFTEN DAMALS IN DER GROSSEN OSTSEEHALLE SPIELEN, UND ICH BIN TORSCHÜTZENKÖNIG GEWORDEN."

Fin Bartels, spielte von 2010 bis 2014 beim FC.

„MIT DEM BVB HABE ICH ALS 13-JÄHRIGER DAS ENDSPIEL DES EUROPAWEIT AUSGETRAGENEN NIKE-CUPS IN LONDON ERREICHT. EINE TOLLE ERFAHRUNG, AUCH WENN WIR DAS FINALE GEGEN ESPANYOL BARCELONA VERLOREN HABEN."

Florian Kringe, spielt seit 2012 am Millerntor. Davor war er 18 Jahre bei Borussia Dortmund (inklusive Jugend).

„MIT DER A-JUGEND VON HANSA ROSTOCK BIN ICH 2010 DEUTSCHER MEISTER GEWORDEN, EIN JAHR SPÄTER KONNTE ICH ALS JUGENDLICHER SOGAR DEN AUFSTIEG IN DIE 2. BUNDESLIGA MIT DER 1. MANNSCHAFT FEIERN."

Tom Trybull, kam in der Winterpause 2013/14 zu St. Pauli.

„MEIN HIGHLIGHT IN DER JUGEND WAR NATÜRLICH DER GEWINN DER U17-EUROPAMEISTERSCHAFT. IM FINALE HABEN WIR HOLLAND NACH VERLÄNGERUNG MIT 2:1 BESIEGT."

Christopher Buchtmann, seit 2012 bei St. Pauli. In der Jugend spielte er unter anderem beim FC Liverpool. Er kam in fünf Junioren-Nationalteams zum Einsatz (U15 bis U20).

„MIR IST IN DER B-JUGEND BEI EINEM SPIEL IN FLENSBURG EIN RICHTIG SCHÖNER TREFFER GELUNGEN. ICH HABE EINEN ABSCHLAG DES GEGNERISCHEN TORHÜTERS MIT MEINEM LINKEN FUSS VOLLEY GENOMMEN UND DEN BALL DIREKT VERWANDELT."

Jan-Philipp Kalla, seit 2003 beim FC St. Pauli.

„IN DER B-JUGEND HABE ICH MIT NÜRNBERG EIN HITZIGES DERBY GEGEN FÜRTH ERLEBT. ES GAB VIER PLATZVERWEISE. DAS SPIEL KONNTEN WIR MIT 3:2 GEWINNEN."

Philipp Tschauner, St.-Pauli-Torwart seit 2011. In der Jugend spielte er neun Jahre beim 1. FC Nürnberg.

TRAINER & PRÄSIDENTEN

DIE GROSSEN NAMEN JENSEITS DES RASENS

Heinz Weisener

Helmut Schulte

WILHELM KOCH war mehr als die Hälfte seines Lebens Präsident des FC St. Pauli: von 1931 bis 1945 sowie von 1947 bis zu seinem Tod im Jahre 1969. **WOLFGANG KREIKENBOHM** übernahm den Verein 1979, als dieser sich in der schwersten Krise seiner Geschichte befand: Nach dem Lizenzentzug drohte die Pleite, aber Kreikenbohm brachte den Klub wieder auf die Beine. Sein Nachfolger **OTTO PAULICK** (1982–90) war beliebt bei Fans und Mitgliedern, fälschte aber Bilanzen und entzog dem Klub Geld. **HEINZ WEISENER** (1990–2000) steckte Teile seines Vermögens in den Verein. **CORNY LITTMANN** (2002–10) modernisierte den Klub. Er trug viel dazu bei, dass der FC St. Pauli heute wirtschaftlich sehr gesund ist. Littmann war der erste schwule Präsident eines deutschen Profivereins – und wegen seiner Berufe (Theaterbesitzer, Schauspieler) auch sonst eine sehr auffällige Figur im Fußballgeschäft.

Die Trainer, die St. Pauli zwischen 1948 und 1951 zur Teilnahme an der Endrunde um die Deutsche Meisterschaft führten, waren **WOLDEMAR GERSCHLER**, der aber nur ein halbes Jahr am Millerntor blieb, **FRED HARTHAUS** und **WALTER RISSE**. Risse war außerdem der einzige St.-Pauli-Coach, der als Spieler in der Nationalelf gestanden hatte. Am längsten als Trainer blieb **HEINZ HEMPEL**, der vorher sechs Jahre Spieler beim FC gewesen war. Zehn Jahre in Folge saß er auf der Bank (1953–63). In der Regionalliga-Saison 1967/68 half er noch einmal ein halbes Jahr aus.

Mit Hempel beginnt die Liste jener Trainer, die dieses Amt bei St. Pauli zweimal antraten. Unter **KURT KRAUSE** spielte St. Pauli zunächst an der Spitze der Regionalliga (1965–67), in seiner zweiten Amtszeit (1974–76) hatte er

Kurt Krause

Michael Lorkowski

Sichtlich gerührt: Holger Stanislawski bei seinem Abschied 2011.

Schmidt-Theater-Besitzer Corny Littmann in seinem zweiten Wohnzimmer.

aber weniger Erfolg. **MICHAEL LORKOWSKI** schaffte mit dem FC zweimal den Sprung in die 2. Liga (1984 und 1986). In der Saison 1992/93 hielt er sich dagegen nur wenige Monate. **WILLI REIMANN** war Erfolgstrainer in der Saison 1986/87. Zwischen 1999 und 2000 hinterließ er weniger Eindruck.
Sowohl Spieler als auch Trainer beim FC waren **HORST WOHLERS** (1991–92) und **FRANZ GERBER** (2002–04). Auf dem Feld waren sie in den 1970er Jahren Stars, als Coach erfüllten sie die Erwartungen nicht. **DIETMAR DEMUTH** hingegen, der als Spieler zweimal zu St. Pauli gewechselt war, hatte als Trainer von 2000 bis 2002 Erfolg. Unter ihm gelang der Aufstieg in die Bundesliga. **HELMUT SCHULTE** kam gleich dreimal zu St. Pauli – als Trainer (1987–91), als Manager und als Geschäftsführer Sport. Schulte und Demuth gehören zu den fünf Trainern, die mit St. Pauli den Bundesliga-Aufstieg schafften. Die anderen sind **DIETHELM FERNER**, **ULRICH MASLO** und **HOLGER STANISLAWSKI**. „Stani“ war insgesamt 18 Jahre am Millerntor: als Spieler, Vizepräsident, Sportchef und Trainer. Damit übertrifft er sogar Heinz Hempel knapp.

Die besten Trainersprüche

„EINIGE MÜSSEN IHRE BAUCHMUSKELN TRAINIEREN, OBWOHL SIE NICHT MAL WISSEN, WAS DAS IST. WENN WIR DIE TRAINIEREN, KOMMEN SIE AM NÄCHSTEN TAG UND MEINEN, SIE HABEN WAS MIT DEM BLINDDARM.“

Willi Reimann

„DAS GRÖSSTE PROBLEM BEIM FUSSBALL SIND DIE SPIELER. WENN WIR DIE ABSCHAFFEN KÖNNTEN, WÄRE ALLES GUT.“

Helmut Schulte

„WIR MÜSSEN VERSUCHEN, DEN GEGNER DURCH PERMANENTES TORESCHIESSEN ZU ZERMÜRBEN.“

Dietmar Demuth vor einem Heimspiel gegen Waldhof Mannheim, August 2000

„WIR STEIGEN IN DEN BUS EIN, WERDEN IM KOLLEKTIV HEULEN, DANN WERDEN WIR UNS IN DIE ARME FALLEN – DANN IST ES VERGESSEN.“

Dietmar Demuth nach einem 0:4 bei Energie Cottbus, März 2002

Training anno 1977: Coach Diethelm Ferner mit Walter Frosch.

SPIELERLEXIKON (AUSWAHL)

In Klammern: Vereinszugehörigkeit, Gesamtzahl Spiele/Tore. Die Jahreszahlen zur Vereinszugehörigkeit beziehen sich auf Saisons mit der 1. Mannschaft. Berücksichtigt sind nur Punktspiele, nicht Pokal-, Aufstiegs- und Relegationsspiele.

(Stand: Ende Saison 2013/14)

A

Adrion, Benjamin (*31.3.1981): Gehört zu den größten Sympathieträgern der jüngeren Klubgeschichte, weil er nach dem frühen Ende seiner Karriere ein Projekt startete, das zu den politischen Werten des FC St. Pauli passt. Adrion gründete 2006 den Verein „Viva con Agua", der die Trinkwasserversorgung in Entwicklungsländern fördert. Dafür wurde er 2009 mit dem Bundesverdienstkreuz ausgezeichnet (2004–06, 37/0).

Alm, Ludwig (*22.3.1917 †1976): Torwart, der seinen Strafraum souverän beherrschte und mit weiten Abschlägen begeisterte (1948–51, 33/0).

Appel, Hans (*8.6.1911 †24.7.1973): Als der Defensivakteur aus Berlin (Hertha BSC, BSV 92) zu St. Pauli kam, brachte er die Erfahrung aus fünf A-Länderspielen mit. Fiel durch geschickte Grätschen auf (1945–52, 108/1).

Asamoah, Gerald (*3.10.1978): Der Vizeweltmeister von 2002 schrieb St.-Pauli-Geschichte, als er im Februar 2011 das entscheidende 1:0 gegen den HSV köpfte (2010–11, 27/6).

B

Bajramovic, Zlatan (*12.8.1979): In der Saison 2001/02 der zweikampfstärkste Mittelfeldspieler der Bundesliga. 2005 war der 35-fache bosnische Nationalspieler mit dem FC Schalke 04 in der Champions League dabei (1998–2002, 68/6).

Baris, Deniz (*2.7.1977): Köpfte am letzten Zweitliga-Spieltag der Saison 2000/01 in Nürnberg das Tor, das den Aufstieg perfekt machte. 21 Länderspiele für die Türkei (1999–2002, 38/1).

Bartels, Fin (*7.2.1987): Dass der schnelle Offensivmann 2014 zu Werder Bremen wechselte, war für den FC ein schwerer Verlust. Kurios: Bartels ist schon viermal in seiner Profikarriere abgestiegen, zuletzt mit St. Pauli 2012 aus der Bundesliga (2010–14, 115/22).

Beck, Alfred (*12.4.1925 †September 1994): Der Flügelstürmer konnte auf der linken und auf der rechten Seite spielen. Schoss 1954 beim 1:3 gegen England, seinem einzigen Länderspiel, das Ehrentor (1949–55, 155/45).

Boll, Fabian (*16.6.1979): Legendärer Mittelfeldspieler, der St. Pauli aus der 3. Liga nach oben führte. Technisch nie besonders stark, aber Bolls Fähigkeit, seine Nebenleute mitzureißen, war außergewöhnlich (2002–14, 263/30).

Boller, Fred (*12.10.1922): Stürmer mit toller Torquote. Spielte auch drei Saisons für den HSV (1949–53, 116/71).

Benjamin Adrion

Box, Jens-Peter (*11.3.1956): Defensiv auf mehreren Positionen einsetzbar. Stieg mit St. Pauli in die 1. Liga auf (1975–84, 238/12).

Brüggen, Alfred (*18.3.1929): 282 Partien, eine Saison beim SC Victoria mitgerechnet, hat er in der alten Oberliga Nord bestritten. Nur zwölf Spieler liefen dort öfter auf (1952–63, 253/29).

Bruns, Florian (*21.8.1979): Wichtiger Stratege im offensiven Mittelfeld. Mit ihm stieg der Verein 2007 in die 2. Liga auf und zwei Jahre später in die 1. Liga. Freistoßspezialist (2006–13, 171/24).

D

Dammann, Dirk (*14.8.1967): Eleganter Libero. Seit 2007 Teammanager bei seinem Heimatklub VfL Stade (1990–99, 260/7).

Demuth, Dietmar (*14.1.1955): In seiner Profikarriere meistens Vorstopper, später auch Libero (1974–79 und 1984–87, 258/26).

Driller, Martin (*2.1.1970): St. Paulis bester Torschütze der 1990er Jahre (1991–97, 152/39).

Duve, Jens (*25.9.1962): Als St. Pauli den zweiten Bundesliga-Aufstieg schaffte, war er „der Chef", so der Spitzname des Vorstoppers. Von 2010 bis 2014 Vizepräsident (1987–90, 104/5).

Dzur, Walter (*18.11.1919 †19.10.1999): Abwehrchef, der durch lautstarke Befehle auffiel. Drei Länderspiele zwischen 1940 und 1941 (1945–53, 135/4).

EF

Ebbers, Marius (*4.1.1978): Torjäger in der 2. Liga. Heute Inhaber des Modegeschäfts *Ebb & Flow*. Der Laden liegt in der Nähe des Millerntor-Stadions (2008–13, 138/46).

Eger, Marcel (*23.3.1983): Beliebter Abwehrspieler, der sich außergewöhnlich stark mit dem FC St. Pauli identifizierte (2004–11, 138/8).

Famula, Josef (*23.11.19 †22.6.1985): Vereinstreuer Allroundspieler. Kam in der Endrunde um die Deutsche Meisterschaft insgesamt achtmal zum Einsatz (1947–59, 219/11).

Frosch, Walter (*19.12.50 †23.11.2013): Unangenehmer Abwehrspieler für jeden Stürmer, war immer für einen flotten Spruch gut (1976–82, 170/22).

G

Gerber, Franz (*27.11.1953): Sensationell war seine Torausbeute in der Saison 1973/74: In 31 Spielen traf er 33-mal (1972–74, 1976–78 und 1986–88, 159/108).

Ginczek, Daniel (*13.4.1991): Ohne die Tore des damals von Borussia Dortmund ausgeliehenen Stürmers wäre der FC 2013 aus der 2. Liga abgestiegen (2012–13, 31/18).

Golke, André (*15.8.1964): Die besten Spiele seiner Laufbahn absolvierte er bei St. Pauli in der Boom-Phase zwischen 1988 und 1991. Mit 25 Treffern der beste Bundesliga-Torschütze des FC (1983–91, 262/62).

Greth, Werner (*17.6.1951 †25.10.1982): Begnadeter Linksaußen. Nach seiner Profikarriere arbeitete er in einem Chemiewerk, wo er bei einem Arbeitsunfall tödlich verunglückte (1969–73, 89/12).

Gronau, Jürgen (*25.8.1962): Spielte 23 Jahre lang ununterbrochen für den FC, wenn man die Zeit in der Jugendabteilung mitrechnet. 1989 kürte ihn der *Kicker* zum sechstbesten Mittelfeldspieler der Bundesliga (1981–97, 449/34).

Gunesch, Ralph (*2.9.1983): Der Abwehrspieler gehörte zu den Publikumslieblingen am Millerntor. Unter @felgenralle bei Twitter zu finden (2003–06 und 2007–12, 190/4).

HI

Haecks, Horst (*12.8.1936 †21.7.2010): Er prägte gemeinsam mit Peter Osterhoff ein Jahrzehnt lang das Sturmspiel des FC (1957–68, 253/157).

Hain, Matthias (*31.12.1972): Einer der Garanten für den Bundesliga-Aufstieg 2010. Ihm kamen dabei die Erfahrungen zugute, die er mit Arminia Bielefeld in der obersten Liga gesammelt hatte. Heute Torwarttrainer beim FC (2008–11, 69/0).

Hempel, Heinz (*4.9.1918 †19.4.1998): Nicht nur als Verteidiger für den FC aktiv, sondern danach noch zehn Jahre ununterbrochen als Trainer (1945–53, 119/2).

Höfert, Rolf (*8.2.1949): Kapitän der Aufstiegself von 1977 und einer der technisch versiertesten St.-Pauli-Spieler der 1970er Jahre. 1979 wechselte Höfert zum FC Bern. Lebt noch heute in der Schweiz (1971–78, 238/50).

Hollerbach, Bernd (*8.12.1969): Der Franke ackerte für St. Pauli auf der linken Mittelfeldseite. Stieg mit dem FC 1995 auf. Lange Zeit Co-Trainer an der Seite von Felix Magath. Trainiert heute die Würzburger Kickers. Lustig: Ein Gefängnis-Wachmann in der RTL-Krimiserie *Der Knastarzt* heißt auch Bernd Hollerbach (1991–95, 143/6).

Hußner, Alfred (*13.5.1950): Torgefährlicher Mittelfeldmann, der lange in der Schweiz spielte (1969–73, 129/63).

Ippig, Volker (*28.1.1963): Gehört zu den Legenden des Vereins. Unterbrach seine Fußballerlaufbahn, um u. a. an einer Behindertenschule zu arbeiten. Stammtorwart in der Bundesliga zwischen 1988 und 1991 (1981–83, 1984–85 und 1986–92, 131/0).

Bernd Hollerbach

Matthias Hain

KL

Klasnic, Ivan (*29.1.1980): Schlitzohriger Stürmer, der bei der WM 2006 in Deutschland drei Spiele für Kroatien bestritt (1998–2001, 95/26).

Knäbel, Peter (*2.10.1966): War Spielmacher in der erfolgreichsten Bundesliga-Phase. Heute Sportdirektor beim Lokalrivalen HSV (1988–93, 130/7).

Kocian, Jan (*13.3.1958): Der Libero, der fünf Jahre am Millerntor spielte, gehörte zwischen 1988 und 1991 zu den Führungskräften im Bundesliga-Team. 1990 für die ČSSR bei der WM dabei (1988–93, 129/8).

Kruse, Max (*19.3.1988): Spielte in Hamburg in der A-Jugend-Bundesliga (beim SC Vier- und Marschlande). Bei St. Pauli machte er einen entscheidenden Schritt in seiner Karriere. Inzwischen ist er Nationalspieler (2009–12, 96/22).

Kühl, Herbert (*3.6.1932): Überwiegend auf der Position des rechten Verteidigers eingesetzt. Zeitweilig Kapitän (1952–62, 201/4).

Kulka, Wolfgang (*24.3.1955): Sein Name ist untrennbar verbunden mit dem legendären Derbysieg gegen den HSV im Jahr 1977. Kulka schoss das entscheidende 2:0 (1974–79, 89/15).

Löffler, Reinhard (*22.2.1942): Nach 24 Erstliga-Einsätzen beim HSV wurde er mit dem FC zweimal Meister in der damaligen Regionalliga Nord (1968–73, 130/14).

Fritz Machate

M

Machate, Fritz (*16.3.1916 †1999): Mittelstürmer in St. Paulis Wunderelf. In der Saison 1940/41 leistete er als Spieler des Dresdner SC Unglaubliches: In 36 Spielen schoss er 56 Tore (1946–49, 44/15).

Manzi, Leonardo (*28.4.1969): Köpfte St. Paulis wichtigstes Tor der 1990er Jahre: Sein Treffer gegen Hannover 96 am 6. Juni 1993 rettete den Klub vor dem Abstieg in die 3. Liga (1989–95, 122/16).

SPIELERLEXIKON (AUSWAHL)

Marin, Marcus (*13.12.1966): In allen vier Saisons, in denen er am Millerntor spielte, war er der beste Torschütze des Teams (1994 und 1997–2000, 102/40).

Mazingu-Dinzey, Michel (*15.10.1972): Spielte in der erfolgreichen Erstliga-Saison 1995/96 für den FC und erzielte wichtige Tore in der ebenfalls erfolgreichen Pokalsaison 2005/06. 33 Länderspiele für Zaire bzw. DR Kongo. Heute unter anderem TV-Experte. Twittert unter @Mazingu_Dinzey und @SPORT1_Hattrick (1995–96 und 2004–08, 113/21).

Meggle, Thomas (*22.2.1975): Spielte in drei verschiedenen Phasen bei St. Pauli. Der Antreiber war 2000 einer der Schlüsselspieler des Aufschwungs. Der *Hamburger Morgenpost* fiel im März 2009 auf, dass er für den Klub in fünf verschiedenen Ligen Tore erzielt hatte. Die Erklärung: Meggle hatte auch für die 2. Mannschaft in der 4. und in der 5. Liga gespielt. Im September 2014 löste er Roland Vrabec als Cheftrainer des Zweitliga-Teams ab (1997–99, 2000–02 und 2005–08, 169/44).

Morena, Fabio (*19.3.1980): Kam in der schlimmen Zeit nach dem Abstieg in die 3. Liga und wurde schnell zum Führungsspieler. Ohne ihn wären die Aufstiege 2007 und 2010 nicht möglich gewesen (2003–12, 232/4).

NO

Naki, Deniz (*9.7.1989): Wirbelwind, der oft auf überraschende Ideen kam. Sagte immer, was er dachte. Das fanden die meisten Fans sympathisch, die meisten Vereinsvertreter aber nicht. Bei St. Pauli erlebte er die bisher beste Zeit seiner Karriere (2009–12, 71/12).

Osterhoff, Peter (*25.8.1937): Stämmiger Angreifer, der zwischen 1959 und 1962 stets unter den drei besten Torschützen der Oberliga war (1958–70, 306/170).

P

Patschinski, Nico (*8.11.1976): War in St. Paulis vierter Bundesliga-Ära fürs Toreschießen zuständig. Erzielte das 2:0 gegen den FC Bayern beim „Weltpokalsiegerbesieger"-Spiel (2000–03, 75/21).

Philipkowski, Joachim (*23.2.1961): Zunächst als Stürmer, später dann in der Defensive eingesetzt. Zwischenzeitlich beim 1. FC Nürnberg. Er ist seit 2007 Nachwuchskoordinator beim FC (1980–85 und 1992–94, 175/42).

Pliquett, Benedikt (*20.12.1984): Auch weil er zur Fanszene gehörte, wurde er bei St. Pauli zu einem der wohl beliebtesten Ersatztorhüter in der Geschichte des Fußballs. Selbst als er Spieler des Vereins war, stand er oft in der Kurve – wenn er nicht für den Kader nominiert war (2004–13, 43/0).

Pokropp, Werner (*13.4.1941 †5.12.2007): Langjähriger Kapitän. Großer Führungsspieler in den 1960er Jahren (1960–70, 300/17).

Porges, Ingo (*22.8.1938): Kapitän von 1962 bis 1968. Einmal spielte er für die deutsche Nationalmannschaft: am 11. Mai 1960 gegen Nordirland. Den Kader für die WM 1962 in Chile verpasste er knapp (1956–68, 313/16).

Pröpper, Carsten (*20.10.1967): Kopf der Mannschaft, die Mitte der 1990er Jahre den Aufstieg in die Bundesliga schaffte (1993–98, 154/16).

Voller Einsatz im Training: Thomas Meggle und Fabio Morena. 2010 wechselte Meggle in den Trainerstab des FC St. Pauli. Im September 2014 übernahm er die 1. Mannschaft.

R

Rahn, Christian (*15.6.1979): Linker Außenbahnspieler. Der vierte Spieler in der Geschichte des FC, der für die deutsche A-Nationalelf auflief. Debütierte am 8. Mai 2002 beim 8:0 gegen Kuwait (1998–2002, 79/5).

Rietzke, Reinhard (*19.12.1948): Stammtorwart in den Zweitliga-Saisons 1974/75 und 1975/76 und später auch in der 3. Liga (1974–83, 180/0).

Romes, Horst (*5.9.1944 †19.9.2004): Bulliger Stürmer, der später ein Star in Österreich wurde (1970–72, 51/22).

Rothenbach, Carsten (3.9.1980): Rechtsverteidiger, der bei St. Pauli ein kleiner Held war, in Bochum dann aber in der Versenkung verschwand (2006–12, 47/6).

S

Sawitschew, Juri (*13.2.1965): 1988 Olympiasieger mit der UdSSR. 1995/96 war der Stürmer eine der zentralen Figuren im Spiel des FC (1994–99, 88/26).

Schachten, Sebastian (*6.11.1984): Mit seiner energiegeladenen Spielweise entwickelte sich der Außenverteidiger in der Saison 2013/14 zum Publikumsliebling am Millerntor (2011–14, 73/9).

Schaffer, Heinrich (16.12.1917 †?): Erzielte in den Endrundenspielen um die Deutsche Meisterschaft wichtige Tore für den Dresdner SC, den Luftwaffensportverein Hamburg und auch den FC St. Pauli. 1948 zum Beispiel drei Treffer beim Viertelfinalsieg bei Union Oberschöneweide (1945–49, 45/22).

Schlindwein, Dieter (*7.2.1961): Der Spitzname „Eisen-Dieter" sagt aus, was ihn auszeichnete: seine Härte (1989–96,134/4).

Schönbeck, Rudolf (*3.8.1919): Stammtorwart in einer sehr erfolgreichen Phase. Schönbeck bestritt drei Partien bei den Olympischen Spielen 1952 in Helsinki (1949–52, 71/0).

Schultz, Timo (*26.8.1977): Schaffte mit den Braun-Weißen den Aufstieg von der Regionalliga bis in die Bundesliga. Heute Co-Trainer am Millerntor (2005–11, 129/10).

Schulz, Uli (*11.11.1946): Einer der stärksten Angreifer, die St. Pauli in der ersten Hälfte der 1970er Jahre hatte. Der kopfballstarke Schulz war vor seiner Zeit am Millerntor bei Holstein Kiel Regionalliga-Torschützenkönig geworden. In der 6. Liga in Hamburg trainiert Schulz heute Hamm United (1971–74, 103/38).

Sievers, Ralf (*30.10.1961): Der Mittelfeldarbeiter erzielte 1991 den Siegtreffer beim legendären 1:0 gegen den FC Bayern im Münchener Olympiastadion (1990–93, 71/2).

Sommerfeld, Otmar (*16.11.1929): Spieler mit den meisten Einsätzen in der Oberliga Nord. Fast zwei Drittel seiner 362 Partien bestritt er für den FC, den Rest für den Harburger TB und Bergedorf 85 (1951–59, 227/13).

Stanislawski, Holger (*26.9.1969): Der kopfballstarke Defensivmann, den die jüngeren Fans vor allem aufgrund seiner Arbeit als Trainer kennen, war lange Führungsspieler am Millerntor (1993–2004, 261/18).

Stender, Harald (*18.2.1924 †1.8.2011): Harald-Stender-Platz 1 lautet heute die Postadresse des FC St. Pauli. Das sagt alles aus über die Bedeutung des langjährigen Kapitäns (1945–60, 336/22).

T

Thomforde, Klaus (*1.12.1962): Der Keeper erlebte seine beste Zeit in den Jahren 1994 bis 1997. Machte auf sich aufmerksam, indem er seine eigenen Paraden bejubelte (1983–99, 359/0).

Trulsen, André (*28.5.1965): Von den Fans als „Fußballgott" verehrter Abwehrspieler, der in seiner Karriere 415 Erst- und Zweitligaspiele bestritt. In der 1. Liga kickte er auch für den 1. FC Köln (1986–91 und 1994–2002, 384/28).

WZ

Weidlandt, Jürgen (*6.9.1940 †16.8.1999): Herausragender Defensivspieler, der vom Nachbarn SC Concordia gekommen war (1964–66, 59/2).

Wenzel, Rüdiger (*3.6.1953): Liebling der Fans in den 1980er Jahren. Schoss in seiner gesamten Profikarriere 227 Tore (1974–75 und 1985–90, 196/88).

Wieczorkowski, Gert (*24.7.1948): In den letzten Jahren der alten Regionalliga eine feste Größe in St. Paulis Defensive (1970–74, 104/15).

Wohlers, Horst (*6.8.1949): Meistens als Libero eingesetzt. Einer der technisch stärksten Spieler, die St. Pauli in den 1970er Jahren hatte (1968–75, 189/39).

Wunstorf, Harry (*13.7.1927 †27.5.2011): Der Torwart war ein Showtyp: Er zeigte auch bei ungefährlichen Bällen spektakuläre Paraden (1951–64, 264/0).

Zander, Dirk (*13.5.1965): Sein wichtigstes Tor erzielte er 1988 in Ulm: Sein 30-Meter-Schuss zum 1:0 machte den Aufstieg in die 1. Liga perfekt (1986–91 und 1993–94, 170/51).

WIE WERDE ICH FC-PROFI?

Der FC St. Pauli hat ein ausgeklügeltes Talentscout-System. Trotzdem kann es den Spähern des Klubs natürlich passieren, dass sie den kommenden Fabian Boll übersehen. Wer selbst auf sich aufmerksam machen will, kann das bei den drei- bis fünftägigen Fußball-Camps der Rabauken-Fußballschule des FC St. Pauli tun, die regelmäßig stattfinden. Sie richten sich an 5- bis 16-jährige Nachwuchskicker. Kosten: zwischen 89 und 149 Euro pro Mini-Lehrgang. Der Verein bietet auch Spezial-Camps für Torhüter an.

Die Camps finden entweder am Millerntor oder bei Partnerklubs statt. Die meisten dieser Klubs stammen aus Hamburg (FC Süderelbe), Schleswig-Holstein (Ratzeburger SV) oder Niedersachsen (Güldenstern Stade). Es ist aber auch möglich, in Berlin oder Baden-Württemberg an einem Rabauken-Camp teilzunehmen. Weitere Infos zu den Terminen und zur Anmeldung findet ihr im Internet unter www.rabauken.fcstpauli.com.

Außerdem bietet St. Pauli in Hamburg an rund 20 Schulen ein spezielles Training an – jeweils 90 Minuten pro Woche. Wer mehr darüber wissen will, schickt eine Mail an schulkooperationen@fcstpauli.com. Eine weitere Möglichkeit, die Experten des Vereins zu beeindrucken, liefert ein Probetraining für jedermann. „Young Rebels Day“ heißt die Veranstaltung, die einmal pro Jahr, jeweils im April, stattfindet. Hierfür muss man sich ebenfalls anmelden, und zwar unter www.fcstpauli.com/nachwuchs.